westermann

Autoren: Jürgen Balzer, Regine Ernst, Martin Jost

Herausgeber: Dr. Hans Hahn

Café Krümel – Geschäftsprozesse im Unternehmen

Arbeitsmaterialien zur individuellen Förderung – Lernfelder 1–5

1. Auflage

Bestellnummer 06301

Boualem Loumani HB22c BWL

Bildquellenverzeichnis

Fotos
Bundesministerium für Ernährung und Landwirtschaft, Bonn: S. 91.4
Deutscher Sparkassen- und Giroverband e. V., Berlin: S. 144.1–2

EURO Kartensysteme GmbH, Frankfurt/Main: S. 188.1, 188.4

Europäische Zentralbank, Frankfurt/M.: S. 132

Fotolia.com, New York: S. 136.4, 138.3, 148.3 (eyewave)
Mastercard Europe, Frankfurt/a. Main: S. 144.3, 145.6
TÜV Rheinland AG, Köln: S. 91.3
stock.adobe.com, Dublin: S. 51.6, 53.15 (jehafo), S. 51.22–23, 53.19–20 (grafikplusfoto), 86.4 (tada) 98.1 (Daniel Fuhr , 98.2 (jokatoons), 142.5 (bloomicon), 143.1 (sp4764), 148.2 (tada), 173.3a (Magda Fischer), 173.3b (Michael Shake), 187.5 (Nikolai Titov)

Zeichnungen/Karikaturen
Stéffie Becker, Unkel-Scheuren/Bildungsverlag EINS, Köln
Raimo Bergt, Berlin/Bildungsverlag EINS, Köln

Umschlagfoto(s)
Stéffie Becker, Unkel-Scheuren/Bildungsverlag EINS, Köln
Raimo Bergt, Berlin/Bildungsverlag EINS, Köln

service@westermann.de
www.westermann.de

Bildungsverlag EINS GmbH
Ettore-Bugatti-Straße 6-14, 51149 Köln

ISBN 978-3-427-**06301**-8

westermann GRUPPE

Inhaltsverzeichnis

„Café Krümel" – Schülerkiosk mit System!

Na, dann erstmal hallooo!
Ich bin **Hausmeister Kruse** vom Städtischen Berufskolleg.
In meinem Schülerkiosk verbringen die Schüler ihre Pausen.
Dort höre ich viele Geschichten und gebe – ausnahmsweise auch
ganz kostenlos – so manche Tipps!

„Der Chef"

Wir sind das Team vom Schülerkiosk!
In der Handelsschule haben wir Unterricht bei
Lehrer Klamm – na ja! Ich bin übrigens **Birgit** und der da neben mir
ist **Ralf**. Ach ja, das sind noch …

Hey – ich bin **Mandy**!

Ricoooo!

Unser „Orakel"
träumt wieder!
Ich bin **Sam**!

Hans-Günther,
aber alle nennen
mich nur **Gonzo**!

*„Frau Kruse und
das Personal"*

Aha, die Neuen!
Ich bin **Leo Klamm** – Studienrat Klamm! In meinem
Schülerprojekt führe ich die fachliche Aufsicht über Kruses
Schülerkiosk. Aber reden wir nicht lange – Sie werden mich
noch kennenlernen !!!

„Der Schleifer"

Dies ist ein Arbeitsbuch, das richtig Arbeit macht! Das klingt vielleicht nicht unbedingt einladend, aber Sie erarbeiten sich am

Ein Arbeitsbuch – klingt irgendwie unangenehm!

Beispiel des Schülerkiosks umfangreiche betriebswirtschaftliche Grundkenntnisse. Hierzu begleiten Sie die Hauptdarsteller, werden viele Arbeitsaufträge erhalten, häufiger „rätselhafte" Fragen beantworten und mitunter zu Schere und Kleber greifen. Sie werden auf zahlreiche betriebswirtschaftliche Probleme stoßen und für Hausmeister Kruse und seinen Kiosk angemessene Lösungen

finden müssen. Verlassen Sie sich dabei auf die jahrelange Berufserfahrung von Lehrer Klamm. Er lässt Ihnen kreative Freiräume, zieht die Leine aber auch mal an und schickt Sie zur Erarbeitung notwendiger Fachkenntnisse auf so manchen Lehrgang.

Na, überzeugt? Jetzt aber mal ehrlich: Sie wollen es doch auch!

**Viel Spaß und Lernerfolg bei
der Arbeit im „Café Krümel"**

Die Verfasser

Der Schülerkiosk „Café Krümel" stellt sich vor

Hallo und willkommen im „Café Krümel" – einem Schülerkiosk mit System!

Vor und nach dem Unterricht, während der großen und kleinen Pausen oder zur Überbrückung „lästiger" Freistunden – der Schülerkiosk mit dazugehörender Cafeteria ist nicht nur willkommener Treffpunkt zur Stärkung mit leckeren Speisen und Getränken. Nein, hier trifft man sich, tauscht die neuesten Infos über Schule, Freunde und Bekannte aus, trifft Verabredungen und lästert sich auch gerne das ganze Übel dieser Welt von der Seele.

Vielleicht haben Sie an Ihrem derzeitigen Berufskolleg auch einen Schülerkiosk und nutzen dort als Kunde die vielfältigen Angebote. Aus eigener Anschauung oder doch zumindest mit etwas Fantasie sind der Aufbau und die Organisation eines solchen Schülerkiosks leicht vorstellbar. Klar ist, dass sich ein Schülerkiosk für den Betreiber wirtschaftlich lohnen soll und er deshalb nach betriebswirtschaftlichen Grundsätzen zu führen ist. Wir, die Verfasser dieses Arbeitsbuches, möchten daher anhand eines überschaubaren Schülerkiosks mit Ihnen die wesentlichen Grundlagen der Betriebswirtschaftslehre erarbeiten.

Der Schülerkiosk in unserem Beispiel wird am Städtischen Berufskolleg in Bad Honnef geführt. Betreiber und „Chef" des „Café Krümel" ist Hausmeister Kruse. Wegen seines Verständnisses für die Nöte und Sorgen seiner Kundschaft ist er unter den Schülerinnen und Schülern sehr beliebt. Von dem Vorwurf einiger Kritiker, unser Hausmeister schlage aus dem Pausengelüst der Schüler Kapital, möchten wir uns ausdrücklich distanzieren. Obwohl, vielleicht …

> Na, dann erstmal hallooo! Ich bin **Hausmeister Kruse** vom Städtischen Berufskolleg. In meinem Schülerkiosk verbringen die Schüler ihre Pausen. Dort höre ich viele Geschichten und gebe – ausnahmsweise auch ganz kostenlos – so manche Tipps!

„Der Chef"

Um die notwendigen betriebswirtschaftlichen Entscheidungen für das Unternehmen Kiosk zu treffen, greift Hausmeister Kruse gerne auf die fachlichen Kenntnisse und die tatkräftige Hilfe einiger Schülerinnen und Schüler zurück. Im Rahmen eines Projektes werden freiwillige Mitarbeiter aus den Klassen der Handelsschule unter der Leitung von Studienrat Leo Klamm hierzu „abgeordnet".

> Aha, die Neuen! Ich bin **Leo Klamm** – Studienrat Klamm! In meinem Schülerprojekt führe ich die fachliche Aufsicht über Kruses Kioskbuchhaltung. Aber reden wir nicht lange – Sie werden mich noch kennenlernen!!!

„Der Schleifer"

So ist beispielsweise die Buchhaltung fest in den Händen von Birgit und Ralf!

> Hey, ich bin **Birgit Sommer** und der da neben mir ist „Ralle" – **Ralf Winter**. Wir sind Kruses Buchhaltung! Übrigens sind wir in der Handelsschule und haben Unterricht bei Lehrer Klamm – na ja …

Die Buchhaltung: Ralf und Birgit (v. l.)

Das Schülercafé besteht aus einem Verkaufspavillon und bietet seinen Kunden auch angenehme Sitzmöglichkeiten zum Verweilen. Der Warenverkauf läuft unter der Regie von Frau Kruse. Vor allem Dixie und Rico, die im Verkauf aushelfen, spüren oft die „harte Hand" der „eisernen Ilse"!

Warum ist der Senf schon wieder nicht aufgefüllt?

Leitung Verkauf: Frau Kruse

Das geht an dich!

Der Verkauf: Rico und Dixie (v. l.)

Herr Kruse kümmert sich ganz persönlich um den Einkauf der Kioskwaren. Lehrer Klamm hat ihm dafür die Hilfe von Mandy und Orakel, pardon Waldemar, zur Verfügung gestellt. Waldemar verfügt über die vorteilhafte Gabe, unangekündigte Leistungsüberprüfungen zu wittern. Wie er das macht, ist sein Geheimnis. Aber wir schweifen ab! Zu den Aufgaben des Einkaufs zählt auch die sachgerechte und sichere Lagerung der Waren in einem Nebenraum der Schule. Diese Aufgabe sollte ursprünglich Ralf übernehmen; das hat sich aber nicht bewährt.

Orakel – schreiben wir morgen den BWL-Test?

Einkauf und Lager: Waldemar und Mandy (v. l.)

Mein Erfolgsrezept: Durstig nach Erfolg!

Lieferant: Friedbert Schluck

Bei der Auswahl seiner Lieferanten sind Herrn Kruse seine vielen Kontakte in der Stadt von großem Nutzen. Um beispielsweise den Durst der Schülerschaft zu stillen, bezieht der Kiosk seine Erfrischungsgetränke über die Getränkegroßhandlung Schluck. Herr Schluck ist dem Berufskolleg besonders verbunden, da er diese Schule früher selber besucht hat. Noch heute gibt er alljährlich Schülern die Möglichkeit, das Betriebspraktikum in seiner Getränkehandlung abzuleisten.

Für deftige Wurstwaren zum Belegen der Brötchen aus dem Sortiment des Kiosks sorgt die Traditionsmetzgerei „Haxe". Und für die Zutaten der hausgemachten Fritten „rot-weiß" – ein Muss in so mancher Mittagspause – wird häufig der Feinkostlieferant „Fritten-Pitter" beauftragt. Leckere Kaffeeteilchen liefert die Bäckerei „Croissant".

Rauchende Köpfe brauchen lecker Würstchen!

Metzgermeister Haxe

Natürlich gehören auch Schokolade, Salzgebäck, Würstchen, Pommes und Getränke – in der warmen Jahreszeit sogar auch Eis – zum schülerfreundlichen Sortiment des Kiosks.

Neben den zahlreichen Schülern, die sich zu den Öffnungszeiten in den Kiosk drängen, gibt es auch Großkunden, die mit einer eigenen Kundennummer ausgestattet sogar auf ihre Einkäufe im Kiosk Rabatte erhalten. Zu diesem Kreis zählen beispielsweise die SV der Schule, der Lehrerrat, so manche Arbeitsgemeinschaft und neben der Schulleiterin Frau Dr. Karzer nicht zuletzt auch Stammkunde Lehrer Klamm.

Bankhaus Bimbes: Filialleiter Halsschneid

Der Hausmeister in mein Büro – sofort!

Schulleitung: Frau Dr. Karzer

Als Herr Kruse den Kiosk vor einigen Jahren eröffnete, benötigte er vor allem für den Kauf des Kioskgebäudes und der Einrichtung ausreichendes Startkapital. Die Bimbes-Bank gewährte ihm damals einen Kredit und ist noch heute die Hausbank des Unternehmens.

Sie sind reif für den ersten **Arbeitsauftrag!**

1. Arbeitsauftrag:

In dem vorangegangen Text haben Sie vieles über den Schülerkiosk „Café Krümel" erfahren. Ergänzen Sie nun die leeren Kästchen in der nachfolgenden Mind-Map.

Der Schülerkiosk im Überblick

Café KRÜMEL

Die Abteilungen

Mitarbeiter: Waldemar und Nancy

Mitarbeiter: Dixie und Rico

Mitarbeiter: Birgit und Ralf

Einkauf und Lager : Leitung Herr Kruse

Verkauf : Leitung Frau Kruse

Buchhaltung : Leo Klamm (ehrenamtlich)

Betreiber des Kiosks: Hausmeister Nussl

Der Standort

Städtisches Berufskolleg in Bad Honnef

Die Kunden

Die Schüler des Berufskollegs

Der Frühleiter Hausschmid ehrenamt

Schulleiterin Fr. Dr. Katzer

Studienrat Leo Klamm

Das Essen Sortiment

Getränke

Brötchen und Wurst Croissant

Pommes frites

Schokolade

Eis

Die Hausbank

Bankhaus Bimbes (Halbschmied)

Die Lieferanten

Getränkehandlung Kontakte in der Stadt Frittmüller Schluck

Feinkost Fritten Peter

Metzgerei Metzgermeist Hayr

2. Arbeitsauftrag:

*Schließen Sie die Lücken und bearbeiten Sie das **Rätsel**!*

Hinweis: *Setzen Sie gegebenenfalls: ä = ae / ö = oe / ü = ue*

> *Eine gute Mind-Map ist hier schon die halbe Miete!*

Waage-recht	
2	Birgit und Ralf arbeiten in: *Buchhaltung* .
3	Zum Sortiment des Kiosks gehört natürlich auch ~~Kekse~~ *Schokolade* .
6	Hausmeister Kruse kümmert sich vor allem um den ~~Einkauf~~ *Einkauf* .
7	Frau Kruse leitet die Abteilung *Verkauf* .
10	Die Hausbank des Kiosks ist das Bankhaus *BIMBES* .
12	Die Mitarbeiter des Einkaufs kümmern sich auch um das *Lager* .
14	Wer sollte eigentlich für das Lager verantwortlich sein? *Rico* .
15	Im Sommer gehört zum Sortiment des Kiosks sogar *EIS* .
Senk-recht	
1	Die Teilnehmer des Schülerprojektes kommen aus der ~~Buchhaltung~~ *Handelsschule* .
3	Der Spitzname von Studienrat Klamm lautet: *Schleifer* .
4	Zu den Kunden des Kiosks mit eigener Kundennummer zählt: *Lehrerrat* .
5	Leckere Kaffeeteilchen liefert die Bäckerei *Croissant* .
8	Das Leitmotto des Getränkehändlers lautet: Durstig nach *Erfolg* .
9	Als Stammkunde im Kiosk erhält man *Rabatt* .
11	Besonders lecker und stets frisch sind die *Dommes* rot-weiß.
13	„Chef" im Schülerkiosk „Café Krümel" ist Hausmeister *KRUSE* .

Sportlehrer Grätsche neigt in seinem Unterricht häufig zu ungewöhnlichen Übungen, denen sich die Schüler gerne durch mehr oder weniger überzeugende Entschuldigungen entziehen. Lesen Sie die roten Kästchen von oben nach unten und Sie erfahren die Übungseinheit der vergangenen Sportstunde:

L I M B O

3. Arbeitsauftrag:

Der Schülerkiosk wurde Ihnen vorgestellt.
Markieren Sie nun in der nachfolgenden Tabelle,
ob die Aussagen richtig oder falsch sind!

Um diesen Arbeitsauftrag wird man Sie beneiden!!!

	Aussagen	richtig	falsch
1.	Studienrat Klamm begleitet im Rahmen eines Schulprojektes der Handelsschule den Schülerkiosk „Café Krümel".		
2.	Die „eiserne Ilse" ist die Schulleiterin am Städtischen Berufskolleg.		
3.	Zum Sortiment des Kiosks gehören auch Kaffeeteilchen, die von der Bäckerei Schluck geliefert werden.		
4.	Kunden des „Café Krümel" sind die SV und der Lehrerrat. Sie haben eine eigene Kundennummer und erhalten sogar Rabatt.		
5.	Der Schülerkiosk untergliedert sich in die Abteilungen: „Einkauf und Lager", „Verkauf" sowie „Buchhaltung".		
6.	Birgit und Ralf arbeiten in der Abteilung „Verkauf" des Schülerkiosks.		
7.	Herr Klamm leitet den Kiosk und ist zugleich der Hausmeister des Berufskollegs.		
8.	Den Durst der Schüler stillt der Getränkelieferant Schluck.		
9.	Das Bankhaus Bimbes hat dem Schülerkiosk ein Darlehen als Startkapital zur Verfügung gestellt.		
10.	Mittags gibt es traditionell die warme Suppe „rot-weiß". Dies ist die Lieblingsspeise aller Schüler.		
11.	Was dem Einkauf die Lieferanten, sind dem Verkauf die Spender.		
12.	Die Getränkehandlung Schluck bietet den Schülern des Berufskollegs die Möglichkeit zum Betriebspraktikum.		

Lernfeld 1
Ein Unternehmen gründen und führen

1.1 Unternehmensgründung

1.1.1 Eine Geschäftsidee entsteht und wird entwickelt

Wie alles anfing!

Endlich – große Pause! Herr Kruse, der Hausmeister des Berufskollegs, fegt gerade ein paar Schmutzecken auf dem Schulhof, als er auf Lehrer Klamm stößt. Dieser führt seine berüchtigte Pausenaufsicht durch und übergibt Herrn Kruse die überführten „Sünder" zum Müllauflesen. Nachdem diese in den Gebrauch der Müllzange eingewiesen wurden und hoch motiviert ihren sozialen Aufgaben nachgehen, stehen die beiden Herren noch beisammen.

Kruse	*Na, Herr Klamm, da haben Sie ja wieder gute Beute gemacht. Noch zehn Tage, dann ist erst mal wieder Pause mit der Jagd auf rauchende Schüler.*	1 2
Klamm	*Ja, schöne Aussichten – aber so ein bisschen fehlt mir das auch in den Ferien – Dirty Klamm gegen die böse Raucherwelt.*	3 4
Kruse	*Geht's wieder nach Italien? Sie müssten doch langsam den Rimini-Verdienstorden verliehen bekommen.*	5 6
Klamm	*Ja, Sie haben Recht, da bin ich ein Gewohnheitstier: mein Liegestuhl, meine Pizzeria, meine Eisdiele. So komme ich wunderbar zur Ruhe. Sie würden mich nicht wieder erkennen in meiner Badehose! Sollten Sie auch mal machen mit Ihrer liebenswerten Gattin.*	7 8 9
Kruse	*Schön wär's. Dafür reicht mein mickriges Gehalt hier an der Schule aber leider nicht. Und meine Ilse hat jetzt auch noch ihre Stelle als Hauswirtschafterin verloren, weil das örtliche Krankenhaus den eigenen Küchenbetrieb geschlossen hat. Jetzt ist sie nicht ausgelastet und auch der Zuverdienst fehlt uns an allen Ecken und Enden. Da ist an Urlaub überhaupt nicht zu denken.*	10 11 12 13 14
Klamm	*Hm, das tut mir leid. Dann will ich gar nicht weiter schwärmen. Aber wenn Ihre Frau doch jetzt so viel Zeit hat, dann bieten Sie doch hier in der Schule etwas an – so einen Kiosk. Das gibt es an anderen Schulen auch. Die Schüler hängen mir dauernd in den Ohren, dass sie vom Schulgelände und soweit gehen müssten, um sich was für die Pause zu besorgen. Ein bisschen Unternehmergeist Herr Kruse und nächstes Jahr geht es nach „Malle".*	15 16 17 18 19

Kruse	Äh ja, aber wir haben doch gar keine Erfahrung mit dem Kaufen und Verkaufen von solchen Kioskprodukten. Und dafür braucht man auch wahrscheinlich erst mal ganz viele Sachen — Kühlschrank und so. Nicht, dass das dann schiefgeht. Dann kann ich mich aber warm anziehen. Sie kennen meine Ilse nicht!	20 21 22 23
Klamm	Ach, Herr Kruse, da müssen Sie positiv rangehen. Erfahrungen sammelt man nur, wenn man es auch macht. Sie haben doch einen guten Draht zu den Schülern und Ihre Frau ist der Küchenprofi.	24 25 26
Kruse	Ja, stimmt schon. Grundsätzlich ja keine schlechte Idee. Und Ilse hätte vielleicht wieder bessere Laune!	27 28
Klamm	Sprechen Sie doch mal mit Frau Dr. Karzer. Den Betrieb könnten wir sicherlich auch wunderbar in unseren Wirtschaftslehreunterricht einbauen. Und genau dahin muss ich jetzt — überlegen Sie sich das. Schönen Tag noch Herr Kruse.	29 30 31
Kruse	Äh — ja, … Ihnen auch, Herr Klamm.	32

4. Arbeitsauftrag:

Herr Kruse ist zögerlich, denn er weiß: die Gründung eines eigenen Unternehmens ist mit Chancen und Risiken verbunden. Er grübelt, denn viel hängt von der Person des Unternehmers ab! Offensichtlich muss dem Mann geholfen werden — und da kommen Sie gerade zur rechten Zeit!

a. Sammeln Sie in einer **zweispaltigen Tabelle Argumente**, die
   - **für die Gründung** oder
   - **gegen die Gründung** eines Schülerkiosks durch das Ehepaar Kruse sprechen.

b. So, jetzt geht es richtig los! Fertigen Sie nun eine **Liste mit Überlegungen und Aktivitäten**, die Herr Kruse vor der Entscheidung für die Gründung eines Kiosks auf jeden Fall anstellen bzw. ausführen sollte.

c. Und weiter! Erstellen Sie **stichwortartig eine Liste mit Voraussetzungen**, die der Gründer eines Schülerkiosks erfüllen sollte. Ordnen Sie die gesammelten **Ergebnisse nach persönlichen** und **fachlichen Gesichtspunkten**.

d. Kennen Sie Beispiele für **Gründer bekannter Unternehmen?** Wie **verlief die Gründung** dieser Unternehmen? Wählen Sie sich hierzu ein **Beispiel** aus und recherchieren Sie im Internet Informationen über die **Gründungsphase des Unternehmens**. Dies können Textinformationen, aber auch Filmbeiträge sein.

Beschreiben Sie in einem **eigenen Text** die recherchierte Unternehmensgründung.

Unter den Schülern des Berufskollegs ist der Name „Café Krümel" stetige Einladung für das Überziehen von Pausen mit leckeren Brötchen. Der Name „Café Krümel" ist heute ein Insidertipp. Aber als Hausmeister Kruse vor einigen Jahren sein kleines Unternehmen gründete, hängte er über den Ausgabetresen zunächst nur ein einfaches Schild:

> Schulkiosk

Mit dem Geschäftsverlauf nach den ersten Monaten war er nicht unzufrieden, aber ...

> Die Zahlen von diesem Monat sind ja ganz ordentlich, aber für drei Wochen Mallorca mit meiner lieben Gattin reicht das ja wohl noch nicht!

> Der Kiosk muss attraktiver werden.
> Vielleicht ist der Name „**Schulkiosk**" einfach nicht werbewirksam genug?
> Ein neuer Name würde eventuell zusätzliche Kundenkreise anlocken!

Personen haben Namen – Unternehmen haben Firmen:

> Mein bürgerlicher Name ist Kruse, Hausmeister Kruse!

> Der Name meines Unternehmens – also die Firma – ist:
> Schulkiosk

Der Name eines Unternehmens wird als **Firma** bezeichnet. Dieser ist für Unternehmen wegen des Bekanntheitsgrades oftmals von großer Bedeutung, z. B. *Volkswagen AG*. Bei der Wahl des Namens, also der Firma, haben die Unternehmen grundsätzlich große Freiheiten.

Personenfirma	Sachfirma	Gemischte Firma	Fantasiefirma
Die Firma enthält den Namen des Inhabers oder die Namen mehrerer Inhaber.	Die Firma gibt den Sachgegenstand des Unternehmens wieder.	Die Firma enthält Namen des Inhabers und den Gegenstand des Unternehmens.	Die Firma enthält ausgedachte, meist werbewirksame Begriffe.
Beispiele: Jean Croissant GmbH, Thyssen-Krupp AG (Gründer: August Thyssen, Friedrich Krupp), ...	**Beispiele:** Fruchthandel GmbH, Backwaren GmbH, ...	**Beispiele:** Michael-Schumacher-Motorsport GmbH, ...	**Beispiele:** Toys"R"Us GmbH, Swatch AG, ...

5. Arbeitsauftrag:

Ergänzen Sie in den Kästen, um welche **Firmenart** es sich bei dem jeweiligen Beispiel handelt.

Fantasiefirma	Sachfirma	Fantasie Firma
Solarworld AG	**Feinkost Schmidt e. K.**	**Schleckerland GmbH**

Gemischte Firma	Gemischte Firma	Personenfirma
Porsche AG	**Kölner Zuckerwerke eG**	**Parfümerie I. Propper KG**

> Hmm, bei der Suche einer neuen Firma ist Kreativität gefragt! Da könnte doch mein Freund Klamm mit seiner jungen Truppe „Halbfreiwilliger" mal zum Einsatz kommen!

> Eine hervorragende Idee!

Und so sitzt kurze Zeit später eine hoch motivierte Schar kreativer Denker beim „Brainstorming" …

> **„Le Kruseé Delikatessen International"** Das hat Größe, das hat Klasse. Damit sichern wir uns die Feinschmeckerfraktion und können ganz andere Preise verlangen!

> Warum das Rad neu erfinden? **„Bistro McDonalds"** … berühmt für leckeres Essen zu günstigen Preisen. Da kommen auch die Schüler von den anderen Schulen in Scharen!

> **Kruse's Brötchen-Bude** … mir liegt das Mettbrötchen noch etwas schwer im Magen!

> Guckt euch doch mal die Tische an! **Café Krümel** würde wunderbar passen.

6. Arbeitsauftrag:

Jetzt sind Sie dran! Schlagen Sie selbst zu den vier verschiedenen Firmenarten Namen vor, die zum Schülerkiosk von Herrn Kruse passen.

Personenfirma	Sachfirma	Gemischte Firma	Fantasiefirma
Ludwig Bäckerei AG	süßgeschickt Gmbh	Kruse Buckelster AG	Holker cosser gmbh

> Von wegen Kreativität und Brainstorming –
> wenn ich das schon höre!
> Hier sind Vorschriften einzuhalten! Vielleicht haben Sie schon mal
> etwas vom **Handelsgesetzbuch** gehört?

Firmengrundsätze

Die **Firma** ist für Unternehmen von großer Bedeutung. So erhalten Kunden oder Lieferanten durch die Firmenbezeichnung erste Informationen über ein Unternehmen und vertrauen auf die Richtigkeit der Angaben. Für ein Unternehmen selbst ist die Firma eine Möglichkeit, auf sich aufmerksam zu machen oder bekannt zu werden. Um diesen verschiedenen Bedürfnissen gerecht zu werden, hat der Gesetzgeber einige Vorschriften zur Firma erlassen:

 1. **Firmenwahrheit und Firmenklarheit:**
Der in der Firma enthaltene Name des Inhabers oder Unternehmensgegenstands muss der Wahrheit entsprechen (**Firmenwahrheit**). Darüber hinaus darf die Firma keine Zusätze enthalten, durch die Dritte über die Art des Unternehmens oder seinen Umfang getäuscht werden (**Firmenklarheit**).

 2. **Ausschließlichkeit der Firma:**
Eine Firma darf an einem Ort nur von einem Unternehmen benutzt werden. Bei der Auswahl der Firma muss sich ein Unternehmen also **deutlich unterscheiden** von anderen Firmen am Ort.

 3. **Firmenbeständigkeit:**
Wenn der Inhaber eines Unternehmens wechselt (z. B. durch Verkauf, Erbe), darf der neue Inhaber die bisherige Firma weiterverwenden. Hierdurch kann es zu einer Abweichung zwischen dem Namen des Inhabers und dem Namen in der Firma kommen. Der vorherige Inhaber muss hierzu sein Einverständnis geben.

> Passt noch was rein?
> Ich hätte da noch was aus dem
> **Gesetz gegen unlauteren Wettbewerb!**

 Firmenschutz:
Die Verwendung einer Firma, die ähnlich lautet und damit verwechselt werden kann, ist nicht gestattet. Das unter dieser Firma bereits bestehende Unternehmen kann dagegen gerichtlich vorgehen.

> Und damit alles seine Richtigkeit hat und jeder
> sich informieren kann, muss ein Unternehmen seine
> Firma in das **Handelsregister** eintragen lassen.
> Dies nennt man **Firmenöffentlichkeit**.

7. Arbeitsauftrag:

Überprüfen Sie, ob die Namensvorschläge des „Kreativ-Teams" den rechtlichen Vorgaben zur Firma entsprechen. Geben Sie jeweils eine kurze Begründung.

„Kruse's Brötchen-Bude":

„Le Kruseé Delikatessen International":

„Bistro McDonalds":

„Café Krümel":

Oh nein, nicht noch mehr Vorschriften! Wo bleibt der Raum für unsere Kreativität?

Papperlapapp! Eine Firma ohne Rechtsform – wo kämen wir da denn hin?

Die Firma muss einen **Zusatz** enthalten, durch den außenstehende Personen über die **Rechtsform des Unternehmens** informiert werden. Dies können auch verständliche Abkürzungen sein.

Einzelunternehmung	OHG	GmbH
Firmen-Zusatz: *eingetragener Kaufmann bzw. Kauffrau*	**Firmen-Zusatz:** *Offene Handelsgesellschaft*	**Firmen-Zusatz:** *Gesellschaft mit beschränkter Haftung*
Mögliche Abkürzungen: *e. K. / e. Kfm. bzw. e. Kffr.*	**Mögliche Abkürzungen:** *OHG; ... & Co.*	**Mögliche Abkürzungen:** *GmbH*
Beispiel: *Getränkehandel Schluck e. Kfm.*	**Beispiel:** *Schluck & Öchsle OHG, Schluck & Co.*	**Beispiel:** *Getränkeparadies Schluck GmbH*

8. Arbeitsauftrag:

Sie haben viele Kenntnisse zur Firma einer Unternehmung gesammelt. Entscheiden Sie durch Ankreuzen, ob die Aussagen richtig oder falsch sind!

> Herr Klamm nutzt in meinen Klassenarbeiten neuerdings einen **Falsch**-Stempel.

> Ich kenne nur das **Richtig**-Modell!

	Aussagen	richtig	falsch
1.	Als gemischte Firma bezeichnet man ein Unternehmen, das sehr viele verschiedene Warengruppen anbietet.	👍	👎
2.	Die Firma wird im alltäglichen Sprachgebrauch oftmals mit dem Unternehmen selbst gleichgesetzt. Dies stimmt aber nicht.	👍	👎
3.	Wenn ein Unternehmen übernommen wird, kann der neue Inhaber die alte Firma auf jeden Fall weiterführen.	👍	👎
4.	Den Firmenschutz können Unternehmen leicht umgehen, indem sie den Namen geringfügig verändern, z. B. Krümel in Krümels.	👍	👎
5.	Um Kunden und Lieferanten vor einer Täuschung zu schützen, muss eine Firma sowohl wahr als auch klar sein.	👍	👎
6.	Als Firmenbeständigkeit bezeichnet man Unternehmen, die bereits seit 50 oder mehr Jahren bestehen.	👍	👎
7.	Die Firma ist für ein Unternehmen von großem Wert, wenn viele Kunden diese mit positiven Leistungen in Verbindung bringen.	👍	👎
8.	Eine Personenfirma ist ein Unternehmen, das Arbeitskräfte an andere Unternehmen vermittelt bzw. vermietet.	👍	👎
9.	Der Grundsatz der Firmenausschließlichkeit soll Kunden und Lieferanten vor Verwechslungen schützen.	👍	👎
10.	Die Beibehaltung einer Firma durch einen Nachfolger ist dann sinnvoll, wenn diese bei Kunden hohe Wertschätzung genießt.	👍	👎
11.	Um bei Kunden eine möglichst große Aufmerksamkeit erzielen zu können, sind Unternehmen bei der Wahl der Firma frei.	👍	👎
12.	Der Grundsatz der Firmenwahrheit kann durch den Grundsatz der Firmenbeständigkeit „durchbrochen" werden.	👍	👎

9. Arbeitsauftrag:

Beurteilen Sie die Fallsituationen, indem Sie Ihre Kenntnisse zu den Grundsätzen der Firma anwenden.

Das ist nicht fair! Da entscheiden wir uns extra für das teure Angebot der **Landluft-Bio-Metzgerei GmbH** und jetzt liefern die nur Wurst aus Massenhaltung und herkömmlicher Industrieproduktion.

Zosch-Getränke steht zum Verkauf. Guter Umsatz und in der Region bekannt. Die Firma würde ich natürlich beibehalten!

Zosch will mir den Namen zwar nicht überlassen. Aber wie heißt es so schön: Wer die Musik bezahlt, bestimmt, was gespielt wird!

Mir ist zu Ohren gekommen, dass in direkter Nähe zu meinem Betrieb ein neuer Getränkehandel eröffnet werden soll. Und wissen Sie, wie dieser heißen soll? **Schlucks Getränkeservice GmbH!** Das kann ich mir nicht gefallen lassen.

Gestern haben wir einen lukrativen Großauftrag von dem neuen Kunden **Schaumschläger Event OHG** erhalten. Auf Rückfrage erhielten wir dann die Information, dass der Zusatz „OHG" bei diesem Unternehmen ein Kürzel für „<u>o</u>hne <u>H</u>aftun<u>g</u>" bedeuten soll.

Getränkehändler Schluck grübelt. Er hat eine Bestellung für verschiedene Getränke mit einem Warenwert von insgesamt ca. 3.000,00 € erhalten. Eigentlich ein Grund zur Freude, aber Herr Schluck zögert mit der Zusage.

Gier-Gastro-Service & Co. Bonn

Getränkehandlung Schluck

Auftrag Nr. G32-ZX

Sehr geehrter ...

...

10 Kisten Champagner
20 Kisten ...

...

Gier-Gastro-Service & Co.
Gier

Ein schöner Auftrag!
Gier-Gastro-Service sagt mir allerdings gar nichts!

Hm ...,
Lieferung in drei Tagen,
Hafenstraße 25.
Der Kunde erwartet ein
Zahlungsziel von 14 Tagen –
Schluck, sei wachsam ...!

10. Arbeitsauftrag:

Finden Sie heraus, was man unter einem Zahlungsziel versteht.

Zahlungsziel:

Unter einem Zahlungsziel versteht man eine Zahlung die noch offen ist und gezahlt werden muss, für die er einen bestimmten Zeitraum hatt.

11. Arbeitsauftrag:

*Herr Schluck beurteilt den Auftrag eher vorsichtig. Stellen Sie die **Risiken** dar, die für Herrn Schluck mit diesem Auftrag verbunden sind.*

Risiken:

Lieferung kommt nicht pünktlich an.
Kunde hält sich nicht an sein Zahlungsziel
Zu viel oder zu wenige Kisten geliefert
Ob das Unternehmen exexstier wohin er Liefert
wie viele Gesellschafter das Unternehmen hatt
welche Recht pan das Unternehmen hatt

Für 3.000,00 € strenge ich mich gerne an!
Ralf, ich brauche Informationen. Prüfen Sie doch einmal,
was das Handelsregister über das Unternehmen
Gier-Gastro-Service & Co. zu sagen hat.

Das Handelsregister

Ein Unternehmer benötigt verlässliche Informationen über andere Unternehmen, mit denen er zusammenarbeiten möchte, z. B.:

- **Existiert** dieses Unternehmen überhaupt?
- Welche **Rechtsform** hat das Unternehmen?
- Wie viele **Gesellschafter** hat das Unternehmen?
- Wie hoch ist die **Haftung** bzw. das **Kapital**?

Diese Informationen kann sich jedermann im **Handelsregister** beschaffen.

 Das Handelsregister ist ein Verzeichnis, in dem wesentliche Informationen über Unternehmen eines Bezirks vermerkt sind.

 Es ist ein öffentliches Verzeichnis, das beim zuständigen Amtsgericht geführt wird. Man kann sich daher auf diese Informationen verlassen.

Mir können Sie vertrauen!

Umgekehrt bedeutet dies natürlich:

 Ein Kaufmann muss sein Unternehmen und wesentliche Informationen über dieses im Handelsregister eintragen lassen. Erst dann gilt z. B. der **Firmenschutz**.

Gut und schön!
Aber wie komme ich jetzt an diese Informationen heran?

 Das Handelsregister kann man beim zuständigen Amtsgericht einsehen. Gegen eine Gebühr werden auch Auszüge erstellt. Man kann diesen Service bundesweit über das Internet (www.handelsregister.de) in Anspruch nehmen.

Personengesellschaften, wie die
Einzelunternehmung oder die OHG,
finden Sie in Abteilung A des Handelsregisters.
Kapitalgesellschaften, wie die GmbH, sind in
Abteilung B einzusehen.

12. Arbeitsauftrag:

Handelsregister, hochinteressant!!!
Was man da alles erfährt ...

Ralf hat seinen Auftrag erfüllt und den abgebildeten Auszug des Handelsregisters besorgt.
Lesen Sie den Auszug aufmerksam durch und suchen Sie die nachfolgend aufgeführten Informationen heraus.

Handelsregister A des Amtsgerichts Bonn · Ausdruck vom .... · **Nummer der Firma:** HRB 265178

Nr. der Eintragung		Grund- oder Stammkapital	Prokura	Rechtsverhältnisse	a) Tag der Eintragung und Unterschrift b) Bemerkungen
1	a) Firma b) Sitz, Niederlassung c) Gegenstand des Unternehmens	3	Vorstand Persönlich haftende Gesellschafter Geschäftsführer	6	7
1	a) Gier-Gastro-Service & Co. b) 50113 Bonn c) Organisation von Veranstaltungen; Catering und Buffetservice; Vermietung von Fachpersonal und Ausrüstung;	–	Guntram Gier Karl Kork Giselle Galant	Offene Handelsgesellschaft Gesellschaftsvertrag vom 31.03.2005 Die Gesellschaft wird durch die Gesellschafter in Alleinvertretungsbefugnis vertreten.	a) 20.04.2005

Firma: Gier-Gastro-Service & Co.

Zeitpunkt der Gründung: 31.03.2005

Vertretungsbefugnis: Alleinvertretungsbefugnis

Unternehmensform: Offene Handelsgesellschaft

Zahl der Gesellschafter: 3

Sachziel der Unternehmung: Vermietung von Fachpersonal und Ausrüstung, Organisation von Veranstaltungen

23

13. Arbeitsauftrag:

Als Praktikant bei Schluck hab ich's echt nicht leicht! Ob meine Infos wohl für seine Entscheidung ausreichen?

Noch hat Herr Schluck nicht entschieden, ob er den Auftrag der **Gier-Gastro-Service & Co.** annimmt.

a. Stellen Sie dar, welche Informationen des HR-Auszugs für die Entscheidung wesentlich sein könnten.

b. Erläutern Sie **Risiken**, die trotz dieser Informationen weiterhin bestehen.

Wesentliche Informationen:

Verbleibende Risiken:

14. Arbeitsauftrag:

Amtsgericht? Da kenne ich mich aus!!!

Ergänzen Sie den abgebildeten Auszug des Handelsregisters für die Getränkehandlung Schluck.

Handelsregister A des Amtsgerichts Siegburg		Ausdruck vom		Nummer der Firma:	HRB 135729
Nr. der Eintragungen	a) Firma b) Sitz, Niederlassung c) Gegenstand des Unternehmens	Grund- oder Stammkapital	Vorstand Persönlich haftende Gesellschafter Geschäftsführer / Prokura	Rechtsverhältnisse	a) Tag der Eintragung und Unterschrift b) Bemerkungen
1	2	3	4 / 5	6	7
	a) Getränkehandlung schluck b) Bad Honnef c) Getränkelieferant		Herr schluck /	Eingetragener kaufmann	

**Eine wichtige Entscheidung gleich zu Beginn:
die Wahl der Rechtsform!**

Unternehmen tragen hinter ihrem Namen oftmals Ergänzungen, wie e. K., *OHG*, *GmbH* oder *AG*. Dies sind Bezeichnungen für sogenannte Rechtsformen von Unternehmen. Jede dieser Rechtsformen hat bestimmte besondere Merkmale, die für das Unternehmen gültig sind:

 1. Geschäftsführung:
„Will ich alle wichtigen Entscheidungen **alleine** treffen oder das Unternehmen **mit anderen Partnern** gemeinsam führen?"

 2. Vertretung:
„Sollen alle wichtigen Erklärungen oder Handlungen **gegenüber außenstehenden Dritten** (z. B. Lieferanten, Banken) nur von mir vorgenommen werden?"

 3. Gewinnverteilung/Verlustrisiko:
„Soll der Gewinn **mir alleine** zustehen oder bin ich **bereit zu teilen**?" und/oder „Bin ich bereit und in der Lage, **alleine** einen möglichen **Verlust zu tragen**?"

 4. Haftung:
„Bin ich bereit, mit meinem **gesamten privaten Vermögen** für mögliche Verluste und Schulden meines Unternehmens einzustehen, oder will ich dieses **Risiko** auf einen bestimmten Betrag **beschränken**?"

 5. Kapitalbeschaffung:
„Habe ich **alleine genügend Kapital** für mein Unternehmen oder benötige ich noch **weiteres Geld** (Kapital) von **anderen Partnern**?"

Wenn der Unternehmer diese Entscheidungen getroffen hat, wählt er für sein Unternehmen die Rechtsform aus, deren Merkmale mit seinen Vorstellungen am ehesten übereinstimmen.

---

* frei übersetzt: Herr im Hause

► Alles in einer Hand: Die Einzelunternehmung (e. Kfm. bzw. e. Kffr.)

Hausmeister Kruse hat sich bei der Gründung seines Schülerkiosks „Café Krümel" für eine **Einzel-unternehmung** entschieden. Die Merkmale dieser Unternehmensform sind somit festgelegt:

1. Geschäftsführung:
Der Unternehmer leitet die Unternehmung allein.

2. Vertretung:
Nur der Unternehmer gibt Erklärungen gegenüber Außenstehenden ab.

3. Gewinnverteilung/Verlustrisiko:
Der Gewinn steht allein dem Unternehmer zu. Ein Verlust allerdings auch.

> Ich entscheide am liebsten selbst. Da quatscht mir auch keiner rein.

> Meine Wirkung auf andere und meine Verhandlungs-stärke sind legendär. Da verlasse ich mich auf keinen anderen!

> Alles meins!!!

> Na ja ...

> Ich hafte mit allem, was ich habe? Null Problemo – ich bin eh' der **Gewinner-Typ**! Ich habe nicht vor, zu viele Schulden zu machen.

> Für einen Schülerkiosk braucht man doch nicht so viel Geld! Das kriege ich schon alleine finanziert! Wofür spart man denn?

4. Haftung:
Der Unternehmer haftet mit seinem Geschäfts- und Privatvermögen.

5. Kapitalbeschaffung:
Das Kapital wird allein vom Unternehmer aufgebracht.

15. Arbeitsauftrag:

Ordnen Sie die obigen fünf Unternehmensmerkmale den nachfolgenden Szenen zu, indem Sie die entsprechenden Ziffern eintragen.

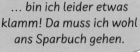

16. Arbeitsauftrag:

Was bisher geschah: Seit Jahren leitet Friedbert Schluck die gleichnamige Getränkegroßhandlung in Bad Honnef. Als Einzelunternehmer kennt er keinen 8-Stunden-Tag und so ist es in der Firma wieder einmal sehr spät geworden. Und das gerade heute – es ist Stammtischabend! Ohne Umschweife begibt sich Herr Schluck direkt in das Gasthaus „Zum roten Ochsen".
Und das Beste: Sie dürfen mit!

Lesen Sie den nachfolgenden Text und besprechen Sie Ihre Eindrücke in einem Partnergespräch!

Der Mensch ist ein geselliges Wesen! Also: Partnerarbeit!!!

Aus dem Leben eines „Einzelkämpfers"!

Als Herr Schluck endlich das Gasthaus betritt, sitzen seine Freunde bereits seit über einer Stunde zusammen. 1
Sie begrüßen den Nachzügler mit deutlichem Unterton: „Ahaaa, Friiiiiedbert – unser erfolgreicher Unternehmer! 2
Dickes Auto, teure Uhr – und kommt doch immer zu spät!" 3

Schmunzelnd setzt sich Herr Schluck neben seinen alten Freund Oskar Öchsle und kontert trocken: „Der Chef geht 4
immer zuletzt von Bord – und im Moment ist auf der Kommandobrücke 'ne ganze Menge los! Wenn ihr schon auf 5
der heimischen Couch liegt, sitze ich noch im Regiesessel und halte meinen Laden zusammen!" Als Herr Schluck 6
dann wieder einmal ansetzt, um sein geflügeltes Geschäftsmotto lautstark zu verkünden, stimmt der ganze 7
Stammtisch lachend ein: „Getränkehandlung Schluck – durstig nach Erfolg!" 8

Die muntere Gesprächsrunde versinkt sogleich wieder in zahlreiche Einzelgespräche. Herr Öchsle – selbst Unter- 9
nehmer – wendet sich seinem alten Schulfreund Schluck zu: „Tja, Friedbert – früher in der Schule hast du doch 10
immer andere für dich arbeiten lassen. Nun machst du alles alleine? Na ja, die Geschäfte einer Firma zu führen ist 11
nicht immer einfach. Sag mal, was ist denn eigentlich mit dem neuen Lkw?" Herr Schluck verzieht das Gesicht und 12
erwidert: „Mensch, Öchsle – das ist gar nicht so einfach! Heute rief die Werkstatt an – eine Reparatur des alten 13
Lkws lohnt nicht mehr. Aber das war ja zu befürchten. Ich habe auch schon mehrere Angebote für einen neuen 14
Wagen, aber die umweltfreundlicheren Modelle sind deutlich teurer. Vielleicht setze ich doch lieber auf einen preis- 15
günstigeren Gebrauchten! Leider passt ein Lkw mit hohem Schadstoffausstoß überhaupt nicht zu meiner neuen 16
Strategie mit dem umweltfreundlichen Image unserer neuen Biosäfte, die ich in mein Sortiment aufgenommen 17
habe. Wie soll ich mich da entscheiden? Fehler kann ich mir nicht erlauben und guter Rat ist teuer. So ist das nun 18
mal: Entscheiden muss ich wie immer alleine!" 19

Als der Wirt des „Roten Ochsen" Herrn Schluck einen „Halven Hahn"* serviert, reibt sich unser Unternehmer 20
genussvoll über den Bauch: „Übrigens muss ich nächste Woche für zwei Tage nach Süddeutschland, um den neuen 21
Vertrag mit einem Lieferanten zu schließen. Eigentlich passt mir das gar nicht, denn zur gleichen Zeit ist ja die 22
Messe in Köln – und die verpasse ich nur ungern. So manches gute Geschäft wird dort geschlossen – aber wer soll 23
meine Getränkehandlung dort denn sonst vertreten?" 24

Während Herrn Schluck ein Glas Rotwein erreicht – sein Kardiologe hat ihm ein solches nach dem letzten Gesund- 25
heitscheck zugestanden –, erzählt er weiter: „Überhaupt steht nächste Woche auch der Termin mit meiner Haus- 26
bank an. Um das Darlehen für den neuen Lkw machen die einen Riesentanz. Seit Jahren mache ich mit denen 27
Geschäfte und jetzt höre ich immer nur: Sicherheiten, Sicherheiten! Als ob mein Unternehmen nicht genug Sicher- 28
heiten bietet. Bankdirektor Halsschneid macht seinem Namen alle Ehre! Er möchte mein Haus als Sicherheit – 29
sonst sieht er für den neuen Kredit schwarz! Das alte Problem: als Einzelunternehmer ist es einfach sehr schwierig, 30
für größere Investitionen Kredit zu bekommen." 31

An diesem Punkt verdreht Herr Öchsle die Augen und schlägt kumpelhaft mit seiner Hand auf die Schulter seines 32
Freundes: „Oh, da ist der wunde Punkt deiner Gattin aber getroffen!" Schelmisch zwinkert Herr Schluck mit dem 33
rechten Auge und gibt einen Ausspruch seiner Frau Selma zum Besten: „Friiiiiedbert, du weißt, wie ich dazu stehe. 34
Wenn wir nicht nur mit der Firma, sondern auch mit unserem privaten Vermögen haften, sitzen wir irgendwann 35
auf der Straße!" 36

* im Rheinland: ein Roggenbrötchen mit Käse!

Nach einem herzerfrischenden Lachen wendet Herr Schluck ein: „Ach Oskar, die Geschäfte laufen doch gut. Egal, 1
was kommt: Durst haben die Menschen immer!" Doch dass Herr Schluck seine Lage als Einzelunternehmer nicht 2
blauäugig sieht, wird sogleich deutlich: „Mal im Ernst! Natürlich habe ich in den Jahren immer gut gelebt. Das 3
Geschäft hat Gewinn abgeworfen und der stand mir ja auch zu. Aber Selma hat natürlich auch nicht ganz Unrecht! 4
Was ist, wenn es mal nicht gut läuft und ich Verluste mache? Mit denen stehe ich dann auch alleine da und darüber 5
mag ich lieber gar nicht nachdenken!" 6

„Was soll's: Think positive!" und mit einer eindeutigen Geste ruft Herr Schluck den „Ochsenwirt": „Toni — wir 7
brauchen noch eine Konjunkturspritze — mach noch mal eine Runde Heilwasser klar! Wiedergutmachung an meine 8
Stammtischrunde!" Und munter erwidert der Chor: „Gut Schluck!" 9

Genug gelauscht! Die Tabelleneinträge gehen jetzt ab wie Schmitz' Katze!

17. Arbeitsauftrag:

a. Verarbeiten Sie nun die Informationen des Textes. Legen Sie hierzu eine Tabelle an, in der Sie in die erste Spalte zunächst die Ihnen bekannten **Merkmale** zur Beurteilung der Rechtsform **„Einzelunternehmung"** eintragen.

b. Orientieren Sie sich an diesen Merkmalen und beschreiben Sie in der 2. Spalte stichwortartig die **Probleme** des Einzelunternehmers Schluck.
Tipp: Erstellen Sie als Hilfe zuerst eine Mind-Map. Nehmen Sie dazu die Merkmale der 1. Tabellenspalte als „Hauptzweige" und ergänzen Sie dann die jeweiligen Problemaspekte!

c. Sehen Sie angesichts der bestehenden Probleme für den Einzelunternehmer Schluck Möglichkeiten, das **Unternehmen in einer anderen Weise zu führen**? Diskutieren Sie eine solche Unternehmensstrategie mit einem Partner und halten Sie die Ergebnisse stichwortartig in der 3. Tabellenspalte fest!

Merkmale der Einzelunternehmung	Probleme der Einzelunternehmung	Mögliche Verbesserungen durch eine alternative Geschäftsstrategie

18. Arbeitsauftrag:

Ergänzen Sie die nachfolgenden **Aussagen** mithilfe des Silbenkastens.

Einzelunternehmung??? Wie war das noch mal?

Also, Klamm hat gesagt, …

Hat er?

1	Im Mittelpunkt der Einzelunternehmung steht ein _Ein eher_ Unternehmer, der das _Eigen kapital_ für seine Unternehmung allein aufbringt.
2	Der Einzelunternehmer übernimmt alleine die _Geschäftsführung_ und die _Vertretung_ seiner Unternehmung gegenüber außenstehenden Dritten.
3	Der Einzelunternehmer ist von anderen Meinungen _unabhängig_ und kann alle notwendigen Entscheidungen für seine Unternehmung _allein_ und schnell treffen.
4	Da er alleine die gesamte Entscheidungsgewalt und die _verantwortung_ übernimmt, hat er auch den alleinigen Anspruch auf den Unternehmens _gewinn_.
5	Dafür muss der Einzelunternehmer auch alleine das gesamte _Risiko_ und alle _Verluste_ seiner Unternehmung tragen.
6	Der Einzelunternehmer haftet alleine und unbeschränkt für alle Verbindlichkeiten seiner Unternehmung, d. h. er haftet mit seinem gesamten _Geschäfts_ und _Privat vermögen_.
7	Die Beschaffung von Fremdkapital, also die Aufnahme von _Krediten_, ist für den Einzelunternehmer _schwierig_.
8	Gegenüber der Bank kann er nur _begrenzte_ Sicherheiten bieten, denn die Haftung beschränkt sich auf das Vermögen nur einer Person.

Der frühe Vogel fängt den Wurm – worauf warten Sie noch!

ein	füh	Ei	un	al	pi	Ver	ko
lus	Ri	Pri	Ge	Ver	te	gig	rung
ab	ge	zel	vat	tung	ner	be	ver
schäfts	gen	gen	si	hän	di	wor	Ge
Kre	schwie	ant	Ver	ka	tung	grenz	mö
tre	schäfts	ten	leine	rig	te	winn	tal

▶ Aus dem Alleinherrscher wird eine Führungsmannschaft: Die Offene Handelsgesellschaft (OHG)

Auch der Lieferant des Schülerkiosks, Getränkehändler Schluck, ist also als Einzelunternehmer erfolgreich tätig. Vor Kurzem hat allerdings der örtliche Supermarkt einen Discount-Getränkemarkt eröffnet. Einzelunternehmer Schluck macht sich Gedanken, wie er hierauf reagieren soll:

Gesetzlicher Rahmen und vertragliche Vereinbarungen:
Grundlage der OHG ist ein Gesellschaftsvertrag der Partner. Daneben gibt es für die OHG aber auch spezielle gesetzliche Regelungen (HGB). Diese Regeln können die Gesellschafter durch ihren Gesellschaftsvertrag teilweise verändern oder ergänzen.

 1. Geschäftsführung:

HGB: Jeder Gesellschafter darf und muss die Geschäfte führen. Entscheidungen im Betrieb können demnach von allen Gesellschaftern einzeln getroffen werden (Einzelgeschäftsführungsbefugnis). Bei außergewöhnlichen Entscheidungen müssen alle Gesellschafter gemeinsam entscheiden.

Vertrag: Die Gesellschafter können die Entscheidungsbefugnisse aufteilen. So könnten z. B. die Gesellschafter für einzelne Funktionsbereiche (Einkauf, Verkauf) oder Sortimentsbereiche (Bier, Wein …) zuständig sein.

 2. Vertretung:

HGB: Jeder Gesellschafter darf das Unternehmen nach außen vertreten und für die OHG z. B. rechtsgültige Verträge abschließen. Andere Gesellschafter können dann nicht widersprechen.

Vertrag: Einzelne Gesellschafter können von der Vertretung ausgeschlossen werden oder nur gemeinsam mit anderen die OHG vertreten (Gesamtvertretungsmacht). Dies muss im Handelsregister öffentlich gemacht werden.

3. Gewinnverteilung/Verlustrisiko:

HGB: Jeder Gesellschafter erhält von einem Gewinn zunächst 4 % seines Kapitalanteils. Ist dann noch Gewinn übrig, wird er auf die Gesellschafter nach Köpfen aufgeteilt. Verluste werden auch nach Köpfen verteilt.

Vertrag: Die Gesellschafter können die Gewinnverteilung frei festlegen.

4. Haftung:

HGB: Wenn ein Gläubiger (z. B. ein Lieferant) eine Forderung gegenüber der OHG hat, ...
- kann er sich wegen der Zahlung sofort an einen Gesellschafter seiner Wahl (z. B. Schluck) wenden *(unmittelbare Haftung)*.
- kann er von einem Gesellschafter (z. B. Schluck) die Zahlung der gesamten Summe fordern *(gesamtschuldnerische Haftung)*.
- haftet jeder Gesellschafter auch mit seinem kompletten Privatvermögen *(unbeschränkte Haftung)*.

Vertrag: Die Haftung kann durch den Vertrag nicht eingeschränkt werden.

5. Kapitalbeschaffung:

HGB: Keine Vorgaben

Vertrag: Die Kapitalanteile der Gesellschafter können unterschiedlich hoch sein. Die Möglichkeiten der Eigenkapitalbeschaffung verbessern sich natürlich mit der Zahl der Gesellschafter.

♪ ♪ *Die Gedanken sind frei!* ♪

19. Arbeitsauftrag:

Angenommen: *Schluck und Öchsle entscheiden sich für die Rechtsform der OHG!*

Lesen Sie die nachfolgenden Aussagen und tragen Sie die zutreffenden Fachbegriffe in die Kästchen ein! Die Begriffe finden Sie im vorangegangenen Text.

In unserer Schluck & Öchsle OHG kann ich ganz alleine Entscheidungen treffen.

Dies nennt man .

Ich würde sofort meinen Freund Willi als Gesellschafter in unsere OHG aufnehmen. Allerdings dürfen Schluck und ich bestimmte Angelegenheiten nur gemeinsam entscheiden.

Dies ist der Fall bei Entscheidungen.

Kollege Öchsle hat für die OHG eigenmächtig ein Auto gekauft. Jetzt wendet sich der Händler wegen der Zahlung direkt an mich. Das nenne ich unschön!

Dies ist die .

... und weil ich gerade nicht flüssig bin, muss ich den Schmuck meiner liebenswerten Gattin beleihen. Da wird ein Strauß Blumen wohl nicht reichen!

Dies ist die ....

Kollege Öchsle, ich schlage vor, dass du für die OHG nur gemeinsam mit mir Geschäfte abschließen darfst.

Dies nennt man .... Diese muss im

.... öffentlich gemacht werden.

Wie, nur lausige 4 % auf meinen Kapitalanteil!

Die Gewinnverteilung kann man im ....
beliebig vereinbaren.

Abends in der Weinstube – unsere beiden Vollblutunternehmer nach dem einen oder anderen Glas erlesenen Moselweins:

Liebster Öchsle, halten wir doch einmal fest, welche Werte wir beide jeweils in unsere gemeinsame OHG einbringen könnten!

Mensch, Schluck – eine wahrlich gute Idee! Hier, die zwei Bierdeckel sollten genügen!

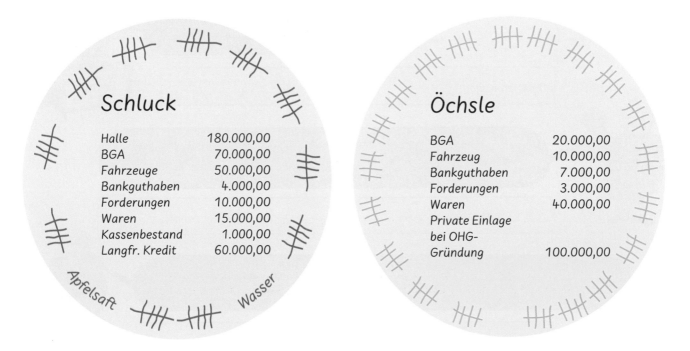

Schluck

Halle	180.000,00
BGA	70.000,00
Fahrzeuge	50.000,00
Bankguthaben	4.000,00
Forderungen	10.000,00
Waren	15.000,00
Kassenbestand	1.000,00
Langfr. Kredit	60.000,00

Öchsle

BGA	20.000,00
Fahrzeug	10.000,00
Bankguthaben	7.000,00
Forderungen	3.000,00
Waren	40.000,00
Private Einlage bei OHG-Gründung	100.000,00

20. Arbeitsauftrag:

Berechnen Sie jeweils die Kapitalanteile der Herren Schluck und Öchsle sowie das sich daraus ergebende Gesamt-kapital der OHG.

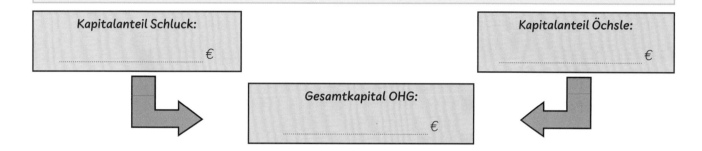

Kapitalanteil Schluck:

.... €

Kapitalanteil Öchsle:

.... €

Gesamtkapital OHG:

.... €

21. Arbeitsauftrag:

Erstellen Sie aufgrund der Werte auf den Bierdeckeln eine Bilanz. Gehen Sie dabei davon aus, dass die private Einlage von Herrn Öchsle zunächst auf das Bankkonto der Unternehmung eingezahlt wird.

Aktiva   **Bilanz der ... OHG**   **Passiva**

Und im weiteren Verlauf des Abends:

Gut, Öchsle – und jetzt entwerfen wir unseren **Vertrag**!

Genau – wir machen einen Entwurf ganz nach unseren Wünschen!

Entwurf **Gesellschaftsvertrag Schluck & Öchsle OHG Getränkefachhandel**

1. Wir errichten unter der Firma Schluck & Öchsle OHG Getränkefachhandel eine Offene Handelsgesellschaft mit Sitz in Bad Honnef, ...
2. Der Zweck der Gesellschaft ist der Handel mit Getränken.
3. Die Offene Handelsgesellschaft entsteht aus der Umwandlung der Schluck Getränkehandlung.
4. Herrn Schluck wird ein uneingeschränktes Recht auf Geschäftsführung eingeräumt. Herrn Oskar Öchsle stehen Rechte auf Geschäftsführung nur im Ein- und Verkauf des Warenbereichs ,Weine' zu.
5. Herr Schluck ist berechtigt, die Gesellschaft alleine zu vertreten. Herr Öchsle vertritt die Gesellschaft nur gemeinsam mit Herrn Schluck.
6. Vom Jahresgewinn erhalten die Gesellschafter zunächst 10 % der bestehenden Kapitaleinlage. Der Rest wird nach Köpfen verteilt.
7. Beide Gesellschafter haften nur für die von ihnen zu vertretenden Rechtsgeschäfte. Die Haftung wird außerdem auf den jeweiligen Kapitalanteil beschränkt.

Bad Honnef, ...

Nein, nein, nein: Einspruch!

22. Arbeitsauftrag:

Der geplante Gesellschaftsvertrag entspricht so ganz den Wünschen
der Herren Schluck und Öchsle. Leider sieht Dr. Willibald Eisenhart –
seines Zeichens Richter und ebenfalls Mitglied der Stammtischrunde - dies anders. Nach ihm
wird an einer Stelle die gesetzliche Vorgabe des Handelsgesetzbuches zur OHG nicht beachtet.
Finden Sie diesen Vertragspunkt heraus und begründen Sie, warum dieser nicht rechtens ist.

Es handelt sich um den Vertragspunkt Nr. _7_

Dieser Vertragspunkt ist nicht rechtens, weil ..._die Haftung nicht beschränkt werden darf_

23. Arbeitsauftrag:

Nachfolgend finden Sie zwei Situationen, in denen sich Herr Öchsle seine Gedanken als Gesellschafter der OHG
macht. Stellen Sie sich vor, er würde die nachfolgenden Entscheidungen treffen und entsprechend handeln!
a. Entscheiden Sie zu welchem Unternehmensmerkmal das jeweilige Beispiel gehört!
b. Beurteilen Sie diese Situationen im Hinblick darauf, ob sie dem Gesellschaftsvertrag entsprechen!

Ich entscheide:
Herr Pils aus der Buchhaltung arbeitet
ab sofort halbtags im Lager!

Das Beispiel gehört zu folgendem Unternehmensmerkmal: _Geschäftsführung_ .

Diese Entscheidung ☐ entspricht dem Gesellschaftsvertrag,

☒ entspricht nicht dem Gesellschaftsvertrag,

weil ..._er nur im Bereich „Weine" Befugnisse hat, nicht im Bereich „Personal"_

... und gleich nächste Woche werde ich nach Italien reisen
und dort so manche Kiste Wein einkaufen!

Das Beispiel gehört zu folgendem Unternehmensmerkmal: _Vertretung_ .

Das geplante Vorhaben ☐ entspricht dem Gesellschaftsvertrag,

☒ entspricht nicht dem Gesellschaftsvertrag,

weil ..._er die_

24. Arbeitsauftrag:

Herr Schluck träumt von einem Gewinn in Höhe von 150.000,00 €.
Verteilen Sie den Gewinn entsprechend der Vereinbarung im Gesellschaftsvertrag!

Tipp: Nutzen Sie die Informationen der vorangegangenen Arbeitsaufträge.

Kommen wir nun zu den Grundlagen des Prozentrechnens!

Öffz...

$$\text{Prozentwert} = \frac{\text{Grundwert} \cdot \text{Prozentsatz}}{100}$$

	Kapitaleinlage	10 % Kapitalverzinsung	Rest nach Köpfen	Anteil am Gesamtgewinn
Schluck	390.000,00	27.000,00	52.500,00	79.500,00
Öchsle	180.000,00	18.000,00	52.500,00	70.500,00
Summe		45.000,00	105.000,00	150.000,00

25. Arbeitsauftrag:

Herr Schluck muss sich nun langsam entscheiden, ob er gemeinsam mit Herrn Öchsle eine OHG gründen will.
Sammeln Sie in einer Tabelle Argumente, die aus Ihrer Sicht **für die Gründung** einer OHG sprechen, und ordnen
Sie passende Beispiele aus der Unternehmenspraxis zu.

Tipp: Orientieren Sie sich an den Unternehmensmerkmalen auf den vorangegangenen Seiten.

Das würde mir wohl gefallen!

... und nun Beispiele bitte!!!

26. Arbeitsauftrag:

Die Gründung einer OHG hat offenkundig auch Nachteile.
Sammeln Sie tabellarisch Argumente, die aus Ihrer Sicht **gegen die Gründung** einer OHG sprechen. Ordnen Sie
auch hier Beispiele aus der Unternehmenspraxis zu.

Das gefällt mir gar nicht!

Beispiel gefälligst!

27. Arbeitsauftrag:

Sie haben sich mit der OHG beschäftigt. Entscheiden Sie durch Ankreuzen, ob die Aussagen richtig oder falsch sind!

Ein gutes Tröpfchen kann niemals falsch sein!

Öchsle, Sie verstehen Ihr Geschäft. Widerstand ist zwecklos, Sie haben mich überzeugt!

	Aussagen	richtig	falsch
1.	Entscheidungen im betriebsgewöhnlichen Umfang können in der OHG von allen Gesellschaftern alleine getroffen werden.		
2.	Entscheidungen, die über den gewöhnlichen Geschäftsgang hinausgehen, werden in einer OHG demokratisch in einer Mitarbeiter-Vollversammlung getroffen.		
3.	Einschränkungen der Vertretungsmacht müssen Dritten gegenüber im Handelsregister veröffentlicht werden.		
4.	Die Haftung der OHG-Gesellschafter ist vergleichbar mit der eines Einzelunternehmers.		
5.	OHG-Gesellschafter können die OHG – und damit auch die anderen Gesellschafter – durch ihre Handlungen (z. B. eine Kreditaufnahme) verpflichten.		
6.	Das Verhältnis zwischen OHG-Gesellschaftern sollte von großem Vertrauen geprägt sein.		
7.	Unmittelbare Haftung bedeutet, dass in einer OHG jeder Gesellschafter nur unmittelbar für die Folgen seiner eigenen Entscheidungen haftet.		
8.	Die OHG-Gesellschafter erhalten 4 Prozent des Gewinns. Alles darüber Hinausgehende bezeichnet man als Wucher oder Heuschrecke.		
9.	Der Verlust in einer OHG wird nach Köpfen verteilt. Die Kapitalanteile der Gesellschafter werden um den Verlust gemindert.		
10.	Die Aufnahme von Krediten ist in einer OHG in der Regel leichter als in einer Einzelunternehmung, weil mehrere Gesellschafter für die Schulden haften.		

► Das Kapital wird zum Hauptdarsteller: Die Gesellschaft mit beschränkter Haftung (GmbH)

OHG – das heißt volle Mitarbeit und uneingeschränkte Haftung der beteiligten Gesellschafter!

*Das geht auch anders! Wie wäre es denn mit einer **GmbH** – hier wird das Kapital zum „Star"!*

Bei einer OHG …	**Bei einer GmbH …**
… stehen die **Personen**, also die Gesellschafter, im Mittelpunkt.	… ist das wesentliche Merkmal das eingebrachte **Kapital**. Da nur dieses haftet, ist es sozusagen das „Herz" der Unternehmung.
Deshalb spricht man von einer **Personengesellschaft**.	Die GmbH wird deshalb auch als **Kapitalgesellschaft** bezeichnet.

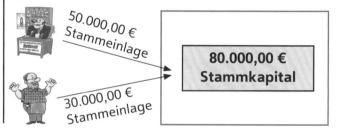

50.000,00 € Stammeinlage

30.000,00 € Stammeinlage

80.000,00 € Stammkapital

Gesetzlicher Rahmen und vertragliche Vereinbarungen

Die GmbH kann von einer oder mehreren Personen gegründet werden. Grundlage der Gesellschaft ist wie bei der OHG ein Gesellschaftsvertrag.

1. Geschäftsführung:

Die Geschäftsführung wird von einem oder mehreren sogenannten Geschäftsführern übernommen. Dies können die Gesellschafter sein, müssen es aber nicht. Es können auch Angestellte sein, die an der GmbH finanziell nicht beteiligt sind. Wenn es mehrere Geschäftsführer gibt, können die Befugnisse aufgeteilt werden. Auch Einzel- oder Gesamtgeschäftsführungsbefugnisse sind möglich.

GmbH Geschäftsführer (= Gesellschafter)

oder:

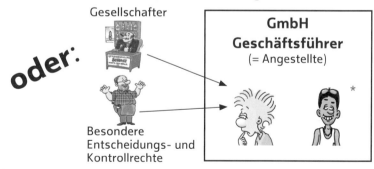

Gesellschafter

GmbH Geschäftsführer (= Angestellte)

Besondere Entscheidungs- und Kontrollrechte

Kontroll- und Entscheidungsrechte der Gesellschafter:

Da die Gesellschafter eventuell nicht an der Geschäftsführung beteiligt sind, werden ihnen für wichtige Entscheidungen besondere Rechte eingeräumt. Hierzu gibt es eine Versammlung der Gesellschafter. Dort entscheiden sie z. B. über die Verwendung des Gewinns und über die Einstellung oder Abberufung der Geschäftsführer. Für je 50,00 € Geschäftsanteil erhält man 1 Stimme. Außerdem können sie sich jederzeit über die Lage der GmbH informieren lassen. In großen GmbHs mit mehr als 500 Mitarbeitern muss sogar ein Aufsichtsrat eingerichtet werden, der die Geschäftsführer überwacht.

---

* Die Verfasser sehen in den beiden Schülern großes zukünftiges Potenzial!

Erinnerung notwendig? Zur **Vertretung** gehören alle Handlungen gegenüber außenstehenden Dritten.

2. Vertretung:

Auch die Vertretung der GmbH wird von den Geschäftsführern übernommen. Es ist eine Einzel- oder Gesamtvertretungsmacht möglich. Wer für die GmbH handeln darf, muss im Handelsregister öffentlich gemacht werden.

3. Gewinnverteilung/Verlustrisiko:

Die Gesellschafter erhalten einen Gewinnanteil im Verhältnis ihrer Beteiligung am Stammkapital: z. B. 30 % des Kapitals = 30 % der Gewinnausschüttung. Verluste müssen durch das Stammkapital der GmbH oder durch gebildete Rücklagen ausgeglichen werden.

4. Haftung:

Die GmbH haftet nur mit dem Gesellschaftsvermögen. Eine persönliche Haftung der Gesellschafter ist nicht vorgesehen. Haben die Gesellschafter ihre Stammeinlage geleistet, haften sie darüber hinaus nicht weiter.

5. Kapitalbeschaffung:

Die Gesellschafter bringen jeweils ihren vereinbarten Kapitalanteil ein. Diese Anteile nennt man **Stammeinlagen**. Sie können verschieden hoch sein, jedoch mindestens 100,00 €. Die Summe der Stammeinlagen ist das **Stammkapital** der GmbH, das mindestens 25.000,00 € betragen muss.

Im Gesellschaftsvertrag kann auch vereinbart werden, dass die Gesellschafter bei Bedarf **Nachschüsse** auf ihre Einlage leisten müssen. Außerdem können im Geschäftsverlauf auch weitere Gesellschafter an der GmbH beteiligt werden.

28. Arbeitsauftrag:

Mit einem schönen Piccolöchen liegen Sie bei den Damen immer richtig!

Entscheiden Sie durch Ankreuzen, ob die Aussagen richtig oder falsch sind!

	Aussagen	richtig	falsch
1.	Die Stammeinlage jedes Gesellschafters beträgt mindestens 25.000,00 Euro.		
2.	Die GmbH ist eine sogenannte Kapitalgesellschaft.		
3.	Die Geschäftsführung und die Vertretung der GmbH werden von den Geschäftsführern übernommen.		
4.	Sowohl Gesellschafter als auch Angestellte können zum Geschäftsführer der GmbH ernannt werden.		
5.	Wenn ein Gesellschafter nicht an der Geschäftsführung beteiligt ist, kann er jedoch allen Entscheidungen wirksam widersprechen (Vetorecht).		
6.	Die Gesellschafter üben ihre Kontroll- und Mitbestimmungsrechte in der Gesellschafterversammlung aus.		
7.	Kreditwünsche von GmbHs werden von Banken gerne gesehen, da die klare Haftungsbeschränkung umfangreiche Prüfarbeiten überflüssig macht.		
8.	Wegen der Haftungsbeschränkung in der GmbH müssen die Gesellschafter für Kredite oft private Sicherheiten stellen.		
9.	Der Gewinn einer GmbH wird zunächst an die Gesellschafter nach Köpfen verteilt. Ein eventueller Restgewinn wird dann entsprechend den Kapitalanteilen unter den Geschäftsführern aufgeteilt.		
10.	Die GmbH wird oftmals als Rechtsform gewählt, da das Mindestkapital von 25.000,00 € leicht aufzubringen und die Haftung der Gesellschafter begrenzt ist.		

29. Arbeitsauftrag:

Es soll Leute geben, die meinen, **Sie** hätten es nicht drauf! Wie unfreundlich ...

Lesen Sie die nachfolgenden Aussagen und füllen Sie die Lücken.
Die gesuchten Fachbegriffe finden Sie im grauen Wortkasten.

100,00	Risiko	Gewinn
abberufen	Auskunftsrecht	Gesellschafter
Gewinnverwendung	Stammeinlage	Gewinns
Haftungsobergrenze	privaten Vermögenswerten	Stammeinlagen
Geschäftsanteilen	Gesellschafterversammlung	Stimmrechte
persönlich	Geschäftsführer	Gesellschafter

Mein Anteil: 100.000,00 €

Ich wäre gern mit 5.000,00 € dabei!

Ich gebe 50.000,00 €

Die Kapitalanteile der GmbH-Gesellschafter nennt man

Stammeinlagen.

Diese betragen jeweils mindestens

100,00 Euro.

Die Gesellschafter der GmbH haften

nicht **persönlich**.

Das **Risiko** der Gesellschafter

ist auf ihre Stammeinlage begrenzt.

Endlich ruhig schlafen.
Der Benz und die Ferienwohnung sind sicher!

Merken Sie sich, junger Mann:
Vorsicht bei Lieferantenkrediten an eine GmbH!

Das Gesellschaftsvermögen der GmbH stellt also für die Gläubiger die

Haftungsobergrenze dar.

Ich werde meinen Sachverstand weiter in das Unternehmen einbringen.

Ich bin sehr beschäftigt und will nur eine hübsche Rendite sehen!

Die GmbH wird durch einen oder mehrere

Geschäftsführer geleitet. Diese

Aufgabe können die **Gesellschafter**

übernehmen, müssen es aber nicht.

Besondere Entscheidungen werden von den

Gesellschaftern in der **Gesellschaftsver-**

sammlung getroffen.

Sie entscheiden z. B. über die **Gewinnverwendung**. Außerdem haben die

Gesellschafter ein **Auskunftsrecht**.

Ich bin von Natur aus skeptisch.
Mir macht keiner was vor!

Die Höhe der Stammeinlage eines Gesellschafters bestimmt die Zahl seiner _Stimmrechte_ in der Gesellschafterversammlung.

Wenn die Gesellschafter unzufrieden sind mit der Arbeit der Geschäftsführer, können sie diese auch _abberufen_ .

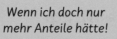

Wenn ich doch nur mehr Anteile hätte!

Na endlich! Unternehmertum muss sich lohnen!

Die Gesellschafter haben Anspruch auf den _Gewinn_ der GmbH. Dieser wird aufgeteilt entsprechend den _Geschäftsanteilen_ am Unternehmen.

Wegen der begrenzten Haftung einer GmbH müssen die Gesellschafter bei der Aufnahme von Krediten ggf. mit _privaten_ _Vermögenswerten_ haften.

Weiteren Kredit kann ich Ihrer GmbH beim besten Willen nicht einräumen. Sie wohnen da allerdings in einem schönen Häuschen … !

50 % des Gewinns verwenden wir für den neuen Gabelstapler!

Äh, ganz meine Rede!

Das hatte ich mir anders vorgestellt

Für die Beschaffung von neuem Eigenkapital gibt es 3 Möglichkeiten. Entweder werden weitere _Gesellschafter_ aufgenommen, Teile des _Gewinns_ einbehalten oder die _Stammeinlage_ der Gesellschafter erhöht.

Am nächsten Tag:
Getränkehändler Schluck denkt intensiv über die Gründung einer GmbH nach. In der vergangenen Nacht hat er sogar schon von einer GmbH mit Oskar Öchsle und seinem alten Schulfreund, Leo Klamm, geträumt. Verschiedene Details und Situationen haben für einen unruhigen Schlaf gesorgt.

Ich spüre den Hauch der Macht!

Entwurf Gesellschaftsvertrag „Getränke Oase GmbH"

...

3. Gegenstand der Gesellschaft ist der Handel mit alkoholischen und nichtalkoholischen Getränken sowie der Verleih von Party- und Veranstaltungszubehör.

...

5. Das Stammkapital beträgt 300.000,00 €.
   Stammeinlagen:

Friedbert Schluck	Oskar Öchsle	Leo Klamm
150.000,00 €	120.000,00 €	30.000,00 €

...

8. Als Geschäftsführer werden bestellt: Friedbert Schluck, Oskar Öchsle
9. Friedbert Schluck erhält Einzelgeschäftsführungs- und Einzelvertretungsbefugnis.
   Oskar Öchsle erhält eine Einzelgeschäftsführungs- und Gesamtvertretungsbefugnis mit Herrn Friedbert Schluck.

...

14. Vom erzielten Gewinn erhalten zunächst die Geschäftsführer Anteile in Höhe von jeweils 30.000,00 €. Ein verbleibender Restgewinn wird entsprechend den Anteilen am Stammkapital aufgeteilt.

Bad Honnef, ...

30. Arbeitsauftrag:

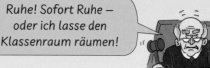

Ruhe! Sofort Ruhe – oder ich lasse den Klassenraum räumen!

Und wieder mal ein Fall für Dr. Willibald Eisenhart!
Beurteilen Sie die beiden nachfolgenden Träume von Schluck und Klamm
aus rechtlicher Sicht mit Blick auf obigen Entwurf vom Gesellschaftsvertrag.

Fall 1:

Wir hätten für Kollegen Öchsle besser nicht die „Geschäftsführer-Visitenkarten" drucken lassen. Er hat gerade ganz euphorisch von einer Weinprobe bei einer Winzergenossenschaft an der Mosel angerufen. In seiner Begeisterung hat er eine Bestellung von 100 Kisten „Alkener Nebelkrähe" unterzeichnet. Das riecht mir doch sehr nach Ladenhüter. Überprüfen wir, ob der Kauf überhaupt rechtsgültig ist.

Im Abgang ein Hauch von Lavendel – herrlich!

Fall 2:

Ein Skandal ist das! Schluck und Öchsle haben beschlossen, den Handel mit hochwertigem Champagner zu einem geschäftlichen Schwerpunkt zu machen. Ich sage dazu nur „Schuster bleib' bei deinen Leisten". Wer kauft denn so teures Zeug? Wenn Sie wüssten, was diese Waren alleine im Einkauf kosten! Hier wird mein Kapital aufs Spiel gesetzt! Deshalb sage ich als Gesellschafter jetzt und hier: Ich widerspreche dieser Entscheidung ausdrücklich!

31. Arbeitsauftrag:

Ein Traumdeuter muss her! Das Orakel befragen …

Leider wird Schluck in dieser Nacht auch noch
von einem Alptraum heimgesucht. Beurteilen Sie diese beiden Situationen!

Fall 1:

Erst die Gehaltserhöhungen für die Mitarbeiter, dann der Umsatzeinbruch wegen der zwei neuen Konkurrenzmärkte und jetzt zahlt ein Großkunde seine Rechnung nicht. Wir sind zahlungsunfähig!

Dann müssen Sie jetzt wohl Ihr Haus und den schönen Benz verkaufen – was!?

Fall 2:

Bankhaus BIMBES

Wer zahlt denn nun unseren Kredit zurück?

Da sind auch noch einige offene Rechnungen von Lieferanten! Woher kriegen die jetzt ihr Geld?

32. Arbeitsauftrag:

Für das Jahresende träumt Schluck von einem Gewinn in Höhe von 120.000,00 €.
Verteilen Sie den Gewinn entsprechend dem Vertragsentwurf.

1. Anteile der Geschäftsführer beachten!

Schluck: ....

Öchsle: ....

2. Verbleibenden Restgewinn ermitteln!

....

3. Restgewinn nach Kapitalanteilen verteilen!

a) *Kapitalanteile der Gesellschafter am Gesamtkapital in % berechnen:*

Kleine Wiederholung notwendig?

$$\text{Prozentsatz } p = \frac{\text{Prozentwert} \cdot 100}{\text{Grundwert}} = \frac{w \cdot 100}{g}$$

Kapitalanteil Schluck:

Kapitalanteil Öchsle:

Kapitalanteil Klamm:

b) *Anteil der Gesellschafter am Restgewinn in Euro berechnen:*

$$\text{Prozentsatz } w = \frac{\text{Grundwert} \cdot \text{Prozentsatz}}{100} = \frac{g \cdot p}{100}$$

Okay, noch eine kleine Hilfe!

Gewinnanteil Schluck:

Gewinnanteil Öchsle:

Gewinnanteil Klamm:

4. Gesamtanteil am Gewinn in Euro ermitteln!

Schluck: ....

Öchsle: ....

Klamm: ....

33. Arbeitsauftrag:

Herr Schluck hat sich mit den Merkmalen der GmbH intensiv auseinandergesetzt.

Sammeln Sie in einer Tabelle Argumente, die aus Ihrer Sicht **für die Gründung** einer GmbH sprechen, und ordnen Sie passende Beispiele aus der Unternehmenspraxis zu.

Es gibt keine schlechten Arbeitsaufträge – es gibt nur schlechte Vorbereitung!

Birgit ist schlechter Umgang für mich!

Dies sind Vorteile einer GmbH!

Nach der Pflicht nun die Kür: Beispiele!

34. Arbeitsauftrag:

Die Gründung einer GmbH hat für Friedbert Schluck allerdings auch Nachteile.
Sammeln Sie Argumente, die aus Ihrer Sicht **gegen die Gründung** einer GmbH sprechen. Ordnen Sie auch hier wieder Beispiele aus der Unternehmenspraxis zu.

Das gilt es zu bedenken!

So könnte dies dann praktisch aussehen!

35. Arbeitsauftrag:

Bei diesem Arbeitsauftrag trennt sich die Spreu vom Weizen!

Ergänzen Sie die Übersicht zur GmbH durch aussagekräftige Stichworte!

Bezeichnung und Höhe des Mindestkapitals:	Bezeichnung und Mindesthöhe der Geschäftsanteile:	Geschäftsführung der Unternehmung:
Vertretung der Unternehmung:	Haftung der Gesellschafter:	Gewinnverteilung bzw. Verlustrisiko:

36. Arbeitsauftrag:

Brechen Sie endlich Ihr zweifelhaftes Schweigen! Heraus mit der Wahrheit!

Richter Eisenhart ist in seinem Element: Wahrheitsfindung im Kreuzverhör – da macht er seinem Namen alle Ehre!
Vervollständigen Sie die nachfolgenden Aussagen zur GmbH, indem Sie die passenden Fachbegriffe waagerecht aus dem Rätselkasten übernehmen.
Aber Vorsicht: Nicht alle Begriffe haben hier Sinn!

Hinweis: Setzen Sie gegebenenfalls: ä = ae / ö = oe / ü = ue

1	Der Buchstabe „b" in GmbH steht für ....
2	Die Haftung zielt auf das Gesellschafts ....
3	Die GmbH ist eine sog. ....
4	Steht bei einer OHG die persönliche Mitarbeit im Vordergrund, so ist dies in der GmbH das eingesetzte ....
5	Die Geschäftsführung übernehmen in der GmbH die ....
6	Dies können die Gesellschafter selbst, aber auch .... sein.
7	Die Stimmanteile in der Gesellschafterversammlung berechnen sich nach den ....
8	Für je 50 Euro erhält der Gesellschafter .... Stimme .
9	Die Anteile der Gesellschafter bilden zusammen das ....
10	In großen GmbHs mit mehr als 500 Mitarbeitern gibt es als Kontrollorgan einen ....

R	I	J	U	E	R	S	T	A	M	M	K	A	P	I	T	A	L	Z
K	A	P	I	T	A	L	G	E	S	E	L	L	S	C	H	A	F	T
F	I	A	U	F	S	I	C	H	T	S	R	A	T	I	L	D	I	M
S	T	U	N	B	E	S	C	H	R	A	E	N	K	T	E	R	Y	P
L	E	I	N	E	Z	W	E	I	T	H	E	R	D	R	E	I	U	L
E	I	N	B	A	R	E	L	P	K	A	P	I	T	A	L	U	B	A
L	G	E	S	C	H	A	E	F	T	S	F	U	E	H	R	E	R	Z
B	C	B	F	A	N	T	A	N	G	E	S	T	E	L	L	T	E	T
F	L	P	V	E	R	M	O	E	G	E	N	I	P	E	R	A	O	N
G	G	E	S	C	H	A	E	F	T	S	A	N	T	E	I	L	E	N

Vielleicht möchte der Befragte die Antwort ja verweigern ...

Mmh – ein Fall von Aussageverweigerung? Beugehaft – Abführen!

37. Arbeitsauftrag:

WELCOME TO Fabulous LAS VEGAS
Wir spielen: Richtig oder falsch?

Sie haben sich mit der Einzelunternehmung beschäftigt.
Entscheiden Sie durch Ankreuzen, ob die Aussagen richtig
oder falsch sind!

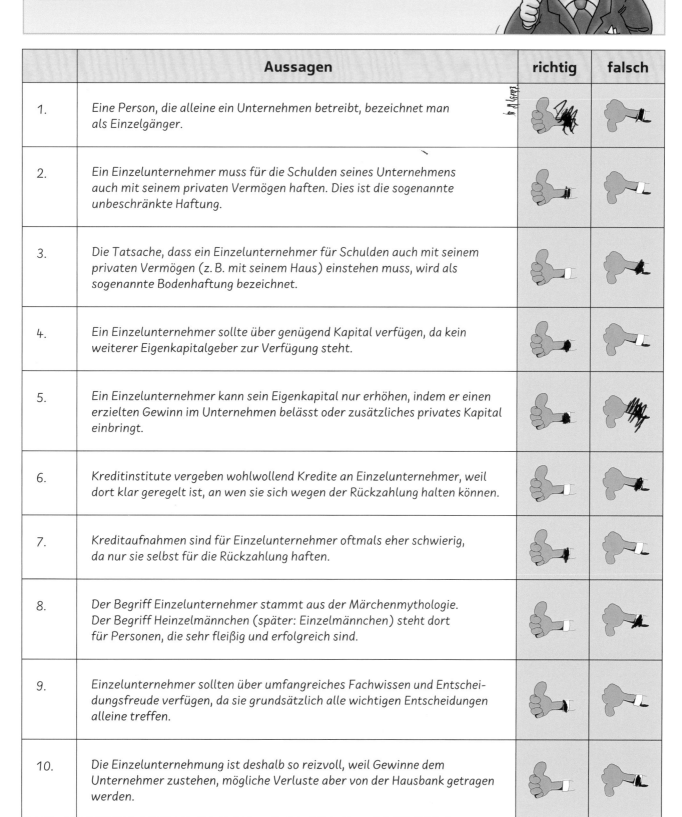

	Aussagen	richtig	falsch
1.	Eine Person, die alleine ein Unternehmen betreibt, bezeichnet man als Einzelgänger.		
2.	Ein Einzelunternehmer muss für die Schulden seines Unternehmens auch mit seinem privaten Vermögen haften. Dies ist die sogenannte unbeschränkte Haftung.		
3.	Die Tatsache, dass ein Einzelunternehmer für Schulden auch mit seinem privaten Vermögen (z. B. mit seinem Haus) einstehen muss, wird als sogenannte Bodenhaftung bezeichnet.		
4.	Ein Einzelunternehmer sollte über genügend Kapital verfügen, da kein weiterer Eigenkapitalgeber zur Verfügung steht.		
5.	Ein Einzelunternehmer kann sein Eigenkapital nur erhöhen, indem er einen erzielten Gewinn im Unternehmen belässt oder zusätzliches privates Kapital einbringt.		
6.	Kreditinstitute vergeben wohlwollend Kredite an Einzelunternehmer, weil dort klar geregelt ist, an wen sie sich wegen der Rückzahlung halten können.		
7.	Kreditaufnahmen sind für Einzelunternehmer oftmals eher schwierig, da nur sie selbst für die Rückzahlung haften.		
8.	Der Begriff Einzelunternehmer stammt aus der Märchenmythologie. Der Begriff Heinzelmännchen (später: Einzelmännchen) steht dort für Personen, die sehr fleißig und erfolgreich sind.		
9.	Einzelunternehmer sollten über umfangreiches Fachwissen und Entscheidungsfreude verfügen, da sie grundsätzlich alle wichtigen Entscheidungen alleine treffen.		
10.	Die Einzelunternehmung ist deshalb so reizvoll, weil Gewinne dem Unternehmer zustehen, mögliche Verluste aber von der Hausbank getragen werden.		

38. Arbeitsauftrag:

Nachfolgend gewinnen Sie Einblick in den Fachunterricht von Lehrer Klamm. Da er gerade das Thema „Rechtsformen der Unternehmen" behandelt, kennen Sie sich ja bestens aus. Unterstützen Sie also „Ralf in Not"!

Im nachfolgenden Ideenkasten finden Sie zahlreiche Denkhinweise. Aber Vorsicht, denn nicht jeder Gedanke ist auch sinnvoll. Füllen Sie die leeren Sprechblasen, indem Sie die **Ziffer** des jeweils passenden Gedankens **eintragen**!

1	Die Gesellschafter haften nur mit dem Stammkapital, also dem Gesellschaftsvermögen.	10	Jeder Gesellschafter ist hierzu allein berechtigt und verpflichtet.
2	... der Einzelunternehmer allein.	11	Nichtsnutze, die nur die Geselligkeit lieben!
3	... er erhält den Gewinn allein, trägt aber auch den ganzen Verlust!	12	Sie entscheiden über die Einstellung, aber auch die Abberufung der Geschäftsführer.
4	... allein und unbeschränkt, also mit seinem Geschäfts- und Privatvermögen.	13	Natürlich, nur so sind sie auch motiviert und bringen Leistung.
5	... im Verhältnis ihrer Beteiligung am Stammkapital.	14	Es können auch Angestellte sein, die nicht finanziell beteiligt sind.
6	... sie obliegt einem oder mehreren Geschäftsführern.	15	... nach der Höhe der Stammeinlage eines Gesellschafters.
7	... unmittelbar, gesamtschuldnerisch und unbeschränkt.	16	... der Einzelunternehmer, weil man da weiß, mit wem man es zu tun hat.
8	Die Gesellschafter bringen ihren vereinbarten Kapitalanteil als Stammeinlage ein.	17	... die OHG, weil hier die Haftung besonders sicher ist.
9	4 % auf den Kapitalanteil und den Rest nach Köpfen!	18	... die GmbH, weil hier auf viele Gesellschafter zurückgegriffen werden kann.

Sind Sie bereit?
Fragen – so scharf wie Chili!

Einzelunternehmer – das bedeutet, wie du nun weißt, Stress pur!

Und warum tun Sie sich das an! Ich suche mir in der Schule stets geeignete, kompetente Partner!

Getränkehändler Schluck verabschiedet Ralf, den Praktikanten:

... und lässt die dann für dich arbeiten! Na warte, dem werde ich gleich nächste Woche auf den Zahn fühlen!

Und wieder in der Schule ist Ralf im Kreuzverhör!

Wir sprachen über den Einzelunternehmer. Wie haftet er für die Verbindlichkeiten seines Unternehmens?

Wirklich unangenehm! Und wie ist dies in einer GmbH geregelt? Raaaaalf!

Na schön – dann können Sie uns sicher auch verraten, wie die Haftung in der OHG aussieht!

... da greift Birgit ein!

Vielleicht kann Ralf uns ja auch erklären, wer in einem Einzelunternehmen die Geschäfte führt?

... doch Lehrer Klamm übernimmt umgehend!

Das wirft sofort die Frage auf, wie dies in einer GmbH ist?

... kann jedoch nicht verhindern, dass ...

Fragt sich ja nur noch, was das HGB zur Geschäftsführung in einer OHG sagt!

Langsam wird die Sache ärgerlich, denn Birgit mischt sich zunehmend ein:

Lehrer Klamm macht die „Nagelprobe" wieder zur Chefsache!

Doch die Dinge laufen aus dem Ruder!

So viel Disziplinlosigkeit bringt Lehrer Klamm in Rage!

... doch scheinbar unbeeindruckt!

Zu allem Überfluss betritt Schulleiterin Frau Dr. Karzer den Klassenraum, gefürchtet für ihre unnachahmliche Fragetechnik ...

Und dass hier anscheinend jeder Fragen stellt, empfindet Ralf zumindest als hundsgemein ...

39. Arbeitsauftrag:

Nur einmal angenommen,
unser Herr Schluck führt seine Getränkehandlung fortan als eine **OHG** und nimmt dazu Herrn Öchsle und Richter a. D. Dr. Eisenhart als Gesellschafter auf. Und nehmen wir weiter an, dass der zu verteilende **Gewinn** nach dem ersten erfolgreichen Geschäftsjahr **200.000,00 €** beträgt. Wenn wir dann noch unterstellen, dass Sie sich in Sachen Rechtsformen der Unternehmen gut auskennen – nun, dann haben **Sie** jetzt eine Aufgabe!

Führen Sie für die OHG eine **Gewinnverteilung nach HGB** durch.
Berücksichtigen Sie dabei, dass Herr Öchsle noch eine weitere Kapitaleinlage in Höhe von 20.000,00 € tätigt.
Herr Dr. Eisenhart hingegen entnimmt 5.000,00 €, Herr Schluck entnimmt sogar 10.000,00 €.
Ermitteln Sie auf dieser Grundlage das neue Eigenkapital der OHG zum Jahresende!

Gesellschafter	Eigenkapital am 1.1. Euro	Gewinnverteilung Euro		Gewinnsumme Euro	Privatentnahme am Jahresende* Euro	Privateinlage am Jahresende* Euro	Eigenkapital am 31.12. Euro
		4% Kapitalverzinsung	Rest nach Köpfen				
Schluck	270.000,00	10.800,00	55.400,00	70.200,00			
Öchsle	180.000,00	7.200,00	55.400,00	66.600,00			
Eisenhart	95.000,00	3.800,00	55.400,00	63.200,00			
Summe		21.800,00	118.200,00	200.000,00			

* „am Jahresende": somit ohne Berücksichtigung der Kapitalverzinsung!

40. Arbeitsauftrag:

Scharfsinnig erkannt: Hier brauchen Sie Schere und Kleber!

Nachfolgend finden Sie Informationskarten, die sich mit den Merkmalen der einzelnen Unternehmensformen beschäftigten.
Leider sind sie nicht sortiert – wie unschön! Doch da sind ja Sie …

a. Schneiden Sie die Merkmalkarten aus und ordnen Sie diese nach den einzelnen Rechtsformen der Unternehmen.
b. Kleben Sie die Merkmalkarten in die nachfolgende Tabelle ein. Beachten Sie dabei die richtige Zuordnung nach Rechtsformen und jeweiligen Merkmalen.

	Einzelunternehmen	OHG	GmbH
Geschäftsführung			
Vertretung			

Schluck und Öchsle erhalten einen Gewinn von 4% auf ihren Kapitalanteil und den Rest nach Köpfen. Ein Verlust verteilt sich nach Köpfen. (HGB)

Herr Schluck haftet unbeschränkt mit seinem Privat- und Betriebsvermögen!

Schluck und Öchsle sind zur Führung der Geschäfte berechtigt und verpflichtet (HGB)

Herr Schluck führt sein Unternehmen allein!

Schluck und Öchsle erhalten einen Gewinn im Verhältnis ihrer Beteiligung am Stammkapital. Verluste werden aus Stammkapital bzw. Rücklagen ausgeglichen.

Schluck und Öchsle vertreten ihr Unternehmen nach außen! (HGB)

Dritte

Lieferanten

Kunden

Banken

Die Gesellschafter haften nur mit dem Stammkapital, also beschränkt auf das Gesellschaftsvermögen.

Schluck und Öchsle bringen als Gesellschafter ihren vereinbarten Eigenkapitalanteil ein (Stammkapital)!

Stammkapital

**Herr Schluck erhält den Gewinn,
er trägt aber auch den Verlust!**

**Herr Schluck bringt das Kapital
alleine auf!**

**Die Geschäftsführung obliegt einem oder
mehreren Geschäftsführern!**

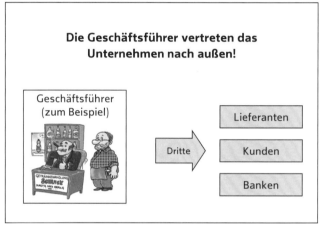

**Die Geschäftsführer vertreten das
Unternehmen nach außen!**

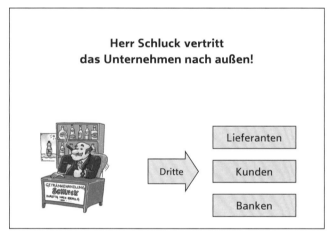

**Herr Schluck vertritt
das Unternehmen nach außen!**

**Schluck und Öchsle haften unmittelbar,
gesamtschuldnerisch und unbeschränkt!**
(HGB)

**Schluck und Öchsle bringen das
Kapital gemeinsam auf!**

Gewinn/Verlust	Haftung	Kapitalaufbringung
Gewinn/Verlust	Haftung	Kapitalaufbringung

55

Und jetzt zeigen Sie mal, was Sie können!

41. Arbeitsauftrag:

Beantworten Sie den nachfolgenden Fragenkatalog! Die entsprechenden Fachbegriffe finden Sie waagerecht im Rätselkasten.

Hinweis: Setzen Sie gegebenenfalls: ä = ae / ö = oe / ü = ue

1	Gewinnverteilung der GmbH: im Verhältnis der ⁵ _____ .
2	Gesellschaftskapital der GmbH: ⁴ _____ .
3	Firmengrundsatz: ¹⁰ _____ .
4	Beschlussfassendes Organ der GmbH: Gesellschafter ¹ _____ .
5	Anteil der Gesellschafter bei einer GmbH: Stamm ⁶ _____ .
6	Amtliches Verzeichnis aller Kaufleute: ⁷ _____ .
7	Name, unter dem ein Kaufmann sein Handelsgewerbe betreibt: ² _____ .
8	Das Handelsregister untergliedert sich in zwei ³ _____ .
9	Art der Firma: ⁹ _____ .
10	Firmengrundsatz: ¹¹ _____ .
11	Art der Firma: ⁸ _____ .

D	R	I	K	V	E	R	S	A	M	M	L	U	N	G	P	Z	A	S
O	P	H	M	L	O	Q	F	I	R	M	A	X	V	G	M	N	A	W
W	F	I	A	B	T	E	I	L	U	N	G	E	N	P	N	B	D	E
U	S	T	A	M	M	K	A	P	I	T	A	L	U	I	K	S	E	Y
G	L	G	E	S	C	H	A	E	F	T	S	A	N	T	E	I	L	E
I	E	I	N	L	A	G	E	L	P	O	B	M	V	N	E	S	Q	J
F	L	J	H	A	N	D	E	L	S	R	E	G	I	S	T	E	R	R
F	B	C	B	F	A	N	T	A	S	I	E	F	I	R	M	A	U	O
E	F	L	P	Q	S	A	C	H	F	I	R	M	A	Y	D	C	G	J
U	W	A	H	R	H	E	I	T	K	F	R	Z	U	D	Q	W	C	V
H	G	T	U	Z	D	E	R	K	L	A	R	H	E	I	T	M	G	I

An welchem Gericht waltet Dr. Willibald Eisenhart seines Amtes?

1	2	3	4	5	6	7	8	9	10	11

Freitag Nachmittag in der Getränkehandlung Schluck. Ralf tritt nach der Schule pünktlich seinen Dienst an und wird schon erwartet. Frau Radler, die u. a. für den Getränkemarkt zuständig ist, hat bereits nach ihm Ausschau gehalten.

Kollege Pils aus der Buchhaltung scheint damit nicht einverstanden und reagiert etwas unwirsch.

Ahhh Ralf, gut, dass du da bist. Wir kriegen gleich Ware. Da sind 2 LKW zu entladen und die Umsatzstatistik muss auch fertiggestellt werden.

Klaro, mache ich. Ich dachte nur …

Nichts da, kommt gar nicht in die Tüte. Heute ist Monatsschluss, da kriege ich den Ralf für die Rechnungskontrolle. Und die Umsatzstatistik habe ich schon gemacht.

Es ergibt sich eine heftige Diskussion, die im Verlauf eine eher unsachliche Note bekommt …

… das Ladengeschäft ist viel wichtiger als die Buchhaltung!

… Umsatzstatistik ist **mein** Aufgabengebiet!

… ich habe mehr Kompetenzen als Sie!

… niemand macht besser Umsatzstatistik als **ich**!

… Sie haben mir gar nicht zu sagen!

Herr Schluck!!!

… ich habe immer Recht!

… der Ralf gehört freitags immer mir!

… sodass kurze Momente später der Chef hinzukommen muss:

… Hierarchie und klare Befugnisse!

… eindeutige Zuständigkeiten!

Nicht schon wieder! Das kann doch nicht sein, dass solche Dinge immer von mir entschieden werden müssen. Dafür fehlt mir die Zeit. Ich habe gedacht, das kriegen Sie selber geregelt. Dann muss das jetzt anders organisiert werden.

42. Arbeitsauftrag:

Herr Schluck beschließt, seinen Betrieb klarer zu organisieren und Befugnisse und Zuständigkeiten zu regeln.

a. Suchen Sie im Schulbuch oder Internet eine verständliche Definition zu dem Begriff „Hierarchie".
b. Erläutern Sie, welche Erwartungen mit der Einführung einer Hierarchie verbunden sind.
c. Sammeln Sie aus Ihrem privaten Umfeld oder persönlichen Erlebnissen 3 Beispiele, in denen Ihnen eine Hierarchie schon einmal begegnet ist.
d. Beurteilen Sie die Einführung einer Hierarchie aus Ihren eigenen Erfahrungen.

Herr Schluck grübelt, wie er die Zusammenarbeit seiner Mitarbeiter besser organisieren kann. Er erinnert sich an ein Schreiben eines Lieferanten, mit dem dieser kürzlich über sein Unternehmen informiert hat. Er findet die Unterlage und vertieft sich …

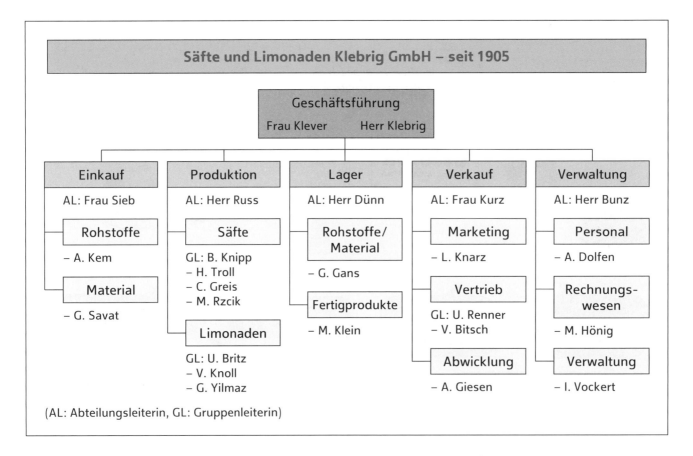

Säfte und Limonaden Klebrig GmbH – seit 1905

Geschäftsführung
Frau Klever   Herr Klebrig

Einkauf	Produktion	Lager	Verkauf	Verwaltung
AL: Frau Sieb	AL: Herr Russ	AL: Herr Dünn	AL: Frau Kurz	AL: Herr Bunz

Einkauf — AL: Frau Sieb
- **Rohstoffe**
  - A. Kem
- **Material**
  - G. Savat

Produktion — AL: Herr Russ
- **Säfte**
  - GL: B. Knipp
  - H. Troll
  - C. Greis
  - M. Rzcik
- **Limonaden**
  - GL: U. Britz
  - V. Knoll
  - G. Yilmaz

Lager — AL: Herr Dünn
- **Rohstoffe/ Material**
  - G. Gans
- **Fertigprodukte**
  - M. Klein

Verkauf — AL: Frau Kurz
- **Marketing**
  - L. Knarz
- **Vertrieb**
  - GL: U. Renner
  - V. Bitsch
- **Abwicklung**
  - A. Giesen

Verwaltung — AL: Herr Bunz
- **Personal**
  - A. Dolfen
- **Rechnungs- wesen**
  - M. Hönig
- **Verwaltung**
  - I. Vockert

(AL: Abteilungsleiterin, GL: Gruppenleiterin)

43. Arbeitsauftrag:

> Sieben Arbeitsaufträge? Aber das ist doch nur so ein blödes Schaubild! Da reicht **eine** Antwort vollkommen … laaangweilig!

a. Im Rahmen der Aufbauorganisation von Unternehmen unterscheidet man u. a. das Einlinien- und Mehrliniensystem. Entscheiden Sie begründet, um welches der beiden Systeme es sich im vorliegenden Beispiel handelt.

b. Recherchieren Sie kurze und gut verständliche Definitionen zu den Begriffen „Abteilung", „Stelle" und „Instanz". Ordnen Sie anschließend Beispiele aus dem abgebildeten Organigramm zu.

c. Wie viele Hierarchiestufen erkennen Sie bei der „Klebrig GmbH"?

d. Wer ist der/die direkte Vorgesetzte von G. Yilmaz, U. Renner und Frau Sieb?

e. Welche Informationen erhalten Sie aus dem abgebildeten Organigramm über die Aufgabenbereiche und die Befugnisse von H. Troll und Herrn Bunz?

f. Lydia Knarz will ihren Kollegen Viktor Knoll und Anton Kern die Anregung geben, die Limonaden mit intensiveren Geschmacksaromen herzustellen. Beschreiben und bewerten Sie den notwendigen Kommunikationsweg.

g. Beurteilen Sie, ob bei der Klebrig GmbH ähnliche Auseinandersetzungen über Befugnisse zu befürchten sind wie bei der Getränkehandlung Schluck.

Herr Schluck ist von der Darstellung des **Organigramms** sehr angetan. Er nimmt direkt Papier und Stift zur Hand und skizziert den organisatorischen Aufbau seiner Getränkehandlung.

Schön ist anders, aber die wesentlichen Infos sind wiederzufinden. Jetzt dürfte ja wohl alles klar sein mit den Befugnissen!

Und das gestaltet mir unser Praktikant jetzt etwas professioneller.

44. Arbeitsauftrag:

a. Welche wesentlichen Unterschiede bei den Anordnungsbefugnissen erkennen Sie im Vergleich zum vorhergehenden Organigramm des Unternehmens Limonaden Klebrig?

b. Nennen Sie den Fachbegriff für eine solche Form der Aufbauorganisation.

c. Erläutern Sie mögliche Vor- und Nachteile, die sich aus den Anordnungsbefugnissen von Frau Radler und Frau Schwarz gegenüber Mitarbeitern aus anderen Abteilungen ergeben.

d. Ist aus dem Organigramm herauszulesen, wie die beiden Konfliktpunkte zwischen Frau Radler und Herrn Pils gelöst werden?

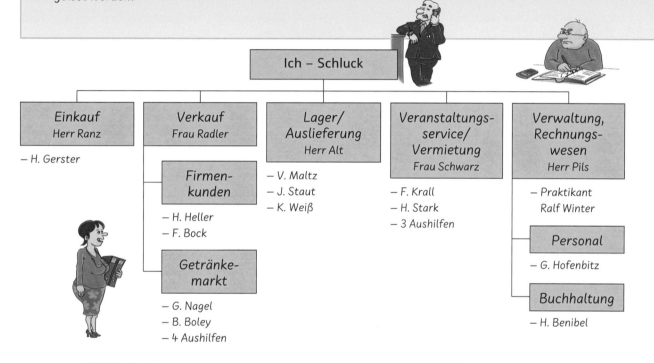

Eine tolle Idee, so ein Orga ... dings, so etwas braucht unser aufstrebendes Unternehmen auch. Dann sehen wir endlich auch mal Schwarz auf Weiß, wer im Kiosk das Sagen hat.

45. Arbeitsauftrag:

Erstellen Sie ein Organigramm für den Schülerkiosk.
Nutzen Sie hierfür den Einführungstext zum Kiosk auf den Seiten 7 und 8. Berücksichtigen Sie darüber hinaus die untenstehenden Informationen und entscheiden Sie selbst, ob ein Ein- oder Mehrliniensystem sinnvoll wäre.

Einige Produkte des Kiosks werden ja selber hergestellt, wie z. B. belegte Brötchen, Fritten usw. Dies erledigt Frau Kruse gemeinsam mit ihrer Cousine Elsa Buck. Dieser Bereich wird dem **Verkauf** untergeordnet. Das gleiche gilt für den Bereich **Service** (im Café) und **Auslieferung** (an Stammkunden). Hier werden Schüler eingesetzt, die bei Herrn Klamm durch mangelnde Hausaufgabendisziplin aufgefallen sind. Daneben übernimmt Hans-Günther Kruse („Gonzo") die Aufstellung der **Dienstpläne** und die **Lohnabrechnung**.

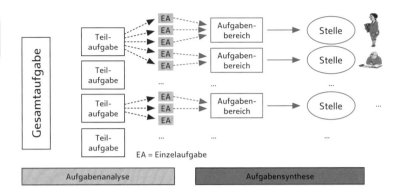

> Jeder Mitarbeiter soll einen Bereich mit passenden Aufgaben erhalten: nicht zu viel und nicht zu wenig!!

46. Arbeitsauftrag:

a. Ordnen Sie auf einem Blatt die nachfolgenden Satzteile so an, dass sie sinnvolle Aussagen ergeben.

b. Entscheiden Sie, ob sich diese Aussagen auf die Aufgabenanalyse oder die Aufgabensynthese beziehen.

Aussage	Analyse/ Synthese

47. Arbeitsauftrag:

Bei der **Stellenbildung** werden einzelne Aufgaben zusammengefasst und einer Stelle zugewiesen.

a. Ordnen Sie die nachfolgenden Einzelaufgaben aus dem Bereich Lager/Auslieferung der Getränkehandlung Schluck zu sinnvollen Aufgabenkomplexen.

b. Verteilen Sie diese Aufgabenkomplexe anschließend auf die drei Lagermitarbeiter.

Fahrt zu Kunden und Auslieferung der Waren	Überprüfung angelieferter Ware (Zustand, Menge)	Sortierung des Leerguts und Stapelung auf Paletten	Rücknahme und Einladung von Leergut beim Kunden
Reinigung des Lagers	Kontrolle von MHD und evtl. Aussortierung	Einlagerung der gelieferten Ware an zugehörigem Lagerplatz	Zusammenstellung auszuliefernder Ware (Kommissionierung)
Auslieferung/Abholung der Mietgeräte und Mobiliar bei Kunden (Bänke, Kühlwagen ...)	Planung der Fahrtrouten und Beladung des eigenen LKW für Warenauslieferung	Einsammeln und Stapeln leerer Paletten aus Verkaufslokal	Pflege und Wartung der Lagergeräte und -einrichtung
Einsammeln des Leerguts aus Geschäftslokal	Sortierung und Entsorgung von Verpackung und Müll	Säubern und Pflege des LKW	rechtzeitige Kühlung bestellter Ware

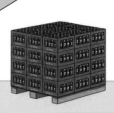

Na gut, Ralf ist an den Feind verloren! Damit ist aber immer noch offen, wer für die Umsatzstatistik verantwortlich ist. Das nehmen Sie mir doch hoffentlich nicht auch noch weg?

Frau Radler, wo denken Sie hin, Sie sind doch mein bestes Pferd im Stall. Ich habe hier ein wunderbares Orga-Instrument entdeckt, das wir ab jetzt einsetzen werden. Das bringt allen Klarheit und Ihnen Sicherheit.

48. Arbeitsauftrag:

a. Erstellen Sie für Frau Radler eine Stellenbeschreibung nach folgendem Muster.
Die notwendigen Informationen entnehmen Sie dem Organigramm. Ihre Aufgaben und die Anforderungen an die Stelle legen Sie nach eigener Einschätzung fest.
b. Beschreiben Sie Vorteile dieses Instruments für Arbeitgeber und Stelleninhaber.
c. Erstellen Sie eine weitere Stellenbeschreibung für einen Mitarbeiter Ihrer Wahl.

STELLENBESCHREIBUNG – Getränke Schluck, Hopfengasse 14, 53604 Bad Honnef	
Bezeichnung der Stelle	
Stelleninhaber/in	
Einordnung	Abteilungsleiter ☐ Gruppenleiter ☐ Stelle: ☐
• Unterstellung (weisungsgebunden ggü.)	
• Überstellung (weisungsbefugt ggü.)	
Stellvertreter/in	
Aufgaben und Kompetenzen	• Eingabe und Auswertung von Verkaufsdaten (z. B. Umsatzstatistik)
Anforderungen a) persönlich	
b) fachlich	

1.2.3 Unternehmen werden vertreten
▶ Vollmachten

Friedbert Schluck ist mit den bisherigen Überlegungen zur Betriebsorganisation schon ganz zufrieden, er spürt aber, dass weitere Änderungen notwendig sind.

„Entscheiden Sie dieses, unterschreiben Sie jenes! Was sollen wir hier machen, was dort?"
Ob Warenbestellung, Überweisung, Kundenrabatte oder Urlaubsanträge – alles bleibt schlussendlich an mir haften. Und dann noch dieses Gezänk, wer was darf. Seit Jahren bin ich nicht mehr in Urlaub gewesen, es liegt ja ständig irgendetwas an.

Tja, lieber Friedbert, du musst loslassen und Verantwortung abgeben, DELEGIEREN heißt das Zauberwort! Das Thema „Vollmachten" ist dir ja – zumindest theoretisch – wohl vertraut.

...und nach einem unvermeidlichen Klammschen Vortrag zum Thema „Betriebliche Vollmachten" ...

„**Verantwortung abgeben**" ist leicht gesagt, wenn es nur um den Mülldienst auf dem Pausenhof geht. Im Betrieb sind die Auswirkungen aber etwas folgenreicher. Grundsätzlich bin ich ja sehr zufrieden mit meinen Mitarbeitern – fähige Leute – aber Vollmachten erteilen ...!?

49. Arbeitsauftrag:

a. In welchen Situationen ist Ihnen der Begriff Vollmacht bereits begegnet?
b. Beschreiben Sie grundsätzlich die rechtlichen Auswirkungen/Folgen der Erteilung einer Vollmacht.
c. Warum ist Herr Schluck so skeptisch und vorsichtig hinsichtlich der Erteilung von Vollmachten an seine Mitarbeiter? Zeigen Sie dies auch anhand der oben von Herrn Schluck genannten Aufgaben („Warenbestellung ...").

Durch irgendeine „undichte Stelle" scheinen Informationen aus dem Gespräch zwischen Herrn Schluck und Herrn Klamm in Umlauf geraten zu sein...

Ich habe munkeln gehört, dass Herr Schluck mir **Handlungsvollmacht** erteilen will!

Das wüsste ich aber! Vor allem, weil ich angeblich als **Prokurist** vorgesehen bin!

50. Arbeitsauftrag:

Beschreiben Sie die unterschiedlichen Befugnisse, die durch eine **Handlungsvollmacht** und eine **Prokura** erteilt werden.
Recherchieren Sie hierzu im Internet die §§ 54 Abs. 1 HGB und 49 Abs. 1 HGB. Nutzen Sie ergänzend Ihr Schulbuch.

51. Arbeitsauftrag:

Nachfolgend finden Sie eine tabellarische Übersicht der wesentlichen Merkmale von Handlungsvollmacht und Prokura.
Fügen Sie die unten genannten Begriffe an der passenden Stelle ein.

Merkmal	Handlungsvollmacht	Prokura
Form der Erteilung		
Arten und inhaltlicher Umfang	**Generalvollmacht:** → Verträge mit Kunden abschließen bestimmte Art von Handlungen, z. B. → **Einzelvollmacht:** Ausführung einzelner Rechtsgeschäfte, z. B. → →	gewöhnliche und außergewöhnliche Rechtsgeschäfte **Einzelprokura:** **Gesamtprokura:**
grundsätzlich nicht erlaubte Handlungen	 → Aufnahme eines Kredits → Kauf eines Grundstücks	Rechtsgeschäfte, die das Unternehmen stark verändern, z. B. →
Unterschriftszusatz		
Ende der Vollmacht		

ppa. (per procura)	Art-Vollmacht	alleinige Vertretung	alle üblichen Rechtsgeschäfte
Handwerker beauftragen	alleinige Vertretung	Banküberweisungen tätigen	i. V. oder i. A.
Widerruf oder Beendigung des Arbeitsverhältnisses	ausdrücklich und Eintragung im HR	ungewöhnliche Rechtsgeschäfte	Vertretung mit einem oder mehreren Prokuristen gemeinsam
schriftlich, mündlich oder stillschweigend	Aufnahme neuer Gesellschafter	Widerruf und Löschung im HR	Kassenrollen kaufen

52. Arbeitsauftrag:

Entscheiden Sie durch Ankreuzen für die nachfolgenden Rechtsgeschäfte, ob diese mit einer Handlungsvollmacht (Generalhandlungsvollmacht) oder mit Prokura durchgeführt werden können.

... und was mache ich jetzt mit den Prokura-Visitenkarten?

Rechtsgeschäft	Handlungs-vollmacht	Prokura
1. Vereinbarung eines Kreditrahmens von 20.000,00 € für das Geschäftskonto		
2. Erteilung eines Großauftrags über 200 Kisten Rotwein zu je 48,00 €		
3. Einstellung einer Service-Kraft für den Catering-Bereich		
4. Verkauf eines brachliegenden Grundstücks zu einem sehr guten Preis		
5. Aufnahme einer neuen Gesellschafterin mit einem Anteil von 10 %		
6. Vermietung einer ungenutzten Lagerhalle		
7. Vereinbarung einer Gehaltserhöhung für eine Kassiererin		

53. Arbeitsauftrag:

Situation: Herr Ranz aus der Abteilung Einkauf hat bei der Brauerei Insolwenzia-Bräu GmbH 20 Paletten Schatten-Alt mit einem Sonderrabatt von 25 % bestellt und nachstehende Auftragsbestätigung erhalten. Der Geschäftsführer der Insolwenzia Bräu GmbH, Herr Malz, meldet sich am 10.05. und widerruft die Bestätigung. Herr Bernd Butz dürfe nach einer betriebsinternen Regelung gar keine Rabatte gewähren und die Prokura sei nicht mehr gültig.
a. Finden Sie heraus, über welche Vertretungsrechte Herr Butz verfügt.
b. Beurteilen Sie, ob die Getränkehandlung Schluck den Widerruf akzeptieren muss oder auf der Lieferung bestehen kann.
c. Verfassen Sie ein Antwortschreiben an die Insolwenzia Bräu GmbH.

Dies ist ein sehr günstiges Geschäft für uns. Und Herr Ranz hatte sich extra einen aktuellen Handelsregister-Auszug beschafft.

Insolwenzia-Bräu GmbH

Insolwenzia-Bräu GmbH · ▮▮▮ · 87659 Hopferau

Getränkehandlung Schluck
Abt. Einkauf
Herrn Ranz
Hopfengasse 14
53604 Bad Honnef

Ihre Zeichen Ihre Nachricht vom	Unsere Zeichen Unsere Nachricht vom	Telefon, Name	Hopferau
ra 02.05.20..	bu 29.04.20..	08921 435678, Butz	04.05.20..

Auftragsbestätigung – Ihre Bestellung vom 02.05.20..

Sehr geehrter Herr Ranz.

wir bestätigen den Erhalt Ihres Auftrags vom 02.05.20.. über

    20 Paletten Schatten-Alt
    je 40 Kästen Gebinde 20 x 0,5 l
    Einzelpreis Gebinde 7,90 €
    abzgl. Sonderrabatt 25 %

Ihren Auftrag werden wir in der kommenden Kalenderwoche ausführen.

Freundliche Grüße
Insolwenzia-Bräu GmbH

ppa. B. Butz

Handelsregister B des Amtsgerichts Pfronten		Audruck vom 30.04.20..		Nummer der Firma:		HRB 265176
Nr.	a) Firma b) Sitz, Niederlassung c) Gegenstand des Unternehmens	Stamm-kapital €	Geschäfts-führer	Prokura	Rechts-verhältnisse	
1	2	3	4	5	6	7
1	a) Insolwenzia Bräu GmbH b) 87659 Hopferau c) Herstellung und Verkauf von Bier	250.000,00	Manfred Malz	Bernd Butz	Gesellschaft mit beschränkter Haftung Gesellschafts-vertrag vom 31.03.1985	30.04.1985

Als **Führungsstil** bezeichnet man die Art und Weise, wie ein Vorgesetzter sich gegenüber seinen Mitarbeitern verhält. Ralf, welche Formen sind Ihnen bekannt?

Persönlich kenne ich nur den **autoritären**. Aber es soll auch einen **kooperativen** geben – irgendwo ... weit weg von hier!

54. Arbeitsauftrag:

a. Nennen Sie jeweils drei Begriffe, die Ihnen zu den Wörtern „autoritär" und „kooperativ" einfallen. Suchen Sie anschließend nach „Synonymen" zu den beiden Begriffen im Internet.

b. Ordnen Sie die nachfolgenden Textteile und Aussagen dem autoritären (a) oder kooperativen (k) Führungsstil zu.

Aussage	(a)–(k)
1. Der Vorgesetzte plant, entscheidet und gestaltet die betrieblichen Aktivitäten.	
2. Mitarbeiter können eigene Ideen und Vorschläge einbringen und erhalten viel Freiheit, wie sie die vereinbarten Ziele erreichen.	
3. Das Team der Mitarbeiter ist auch ohne den Vorgesetzten fähig, Verantwortung zu übernehmen und die Arbeit der Abteilung auszuführen.	
4. Mitarbeiter sind kaum kreativ und wenig motiviert, da sie ausschließlich Anordnungen zu befolgen haben und nicht an Entscheidungsprozessen beteiligt werden.	
5. Mitarbeiter sind verpflichtet zu Gehorsam; Diskussionen über Abläufe sind nicht erwünscht.	
6. Eine hohe Selbstständigkeit und Eigeninitiative der Mitarbeiter ist notwendig.	
7. Durch die übertragene Verantwortung identifizieren sich Mitarbeiter mit dem Unternehmen.	
8. Wichtige Entscheidungen können sehr schnell getroffen werden.	
9. Die betrieblichen Abläufe werden durch Regeln und Anweisungen bestimmt.	
10. Durch den häufigen und offenen Austausch entsteht Raum für Kreativität und Neuerungen.	
11. Der Vorgesetzte akzeptiert, dass sich Vorschläge seiner Mitarbeiter gegen seine eigenen durchsetzen, wenn diese erfolgversprechender sind.	
12. Der Vorgesetzte kontrolliert regelmäßig die Mitarbeiter und ihre Arbeitsschritte.	

55. Arbeitsauftrag:

Beschreiben Sie mögliche persönliche Eigenschaften und Fähigkeiten von Mitarbeitern, die gut in ein **autoritär** oder ein **kooperativ** geführtes Unternehmen passen.

56. Arbeitsauftrag:

Im Café Krümel sind immer Aufgaben zu organisieren bzw. zu erledigen. Formulieren Sie hierzu jeweils schriftliche Arbeitsanweisungen, die einem **(a) autoritären** oder **(b) kooperativen** Führungsstil entsprechen.

Mandy ist heute zum ersten Mal im Sitzbereich des Café Krümel eingesetzt und zuständig für Service, Ordnung und Sauberkeit.

Autoritär:	Kooperativ:

... und für die sehr schnellen Führungskräfte unter Ihnen:

Sam und Rico sind heute für die Brötchen und ausreichende Warenvorräte in der Ladentheke zuständig.	
Autoritär: ...	Kooperativ: ...

---

57. Arbeitsauftrag:

Entscheiden Sie, ob in den nachfolgenden Situationen eher der autoritäre oder der kooperative Führungsstil geeignet ist. Sie sollten Ihre Entscheidung natürlich begründen können.

> Mal kurze, mal lange Leine! Von Führungskräften wie mir wird heute erwartet, dass sie verschiedene **Führungsstile** beherrschen, um diese in der jeweiligen Situation sinnvoll einzusetzen.

Aufgabe	(a)–(k)
1. Im Café Krümel ist an einem heißen Tag im Juli der Strom ausgefallen.	
2. Der Sitzbereich im Café soll neu gestaltet werden.	
3. Eine Bestellung von 50 belegten Brötchen für die Lehrerkonferenz in einer halben Stunde ist vergessen worden.	
4. Die Kasse des Kiosks ist am Ende des Tages abzurechnen.	
5. Im Bereich der Süßwaren sollen im nächsten Quartal einige neue Produkte angeboten werden.	

58. Arbeitsauftrag:

a. Ordnen Sie auf einem Blatt die nachfolgenden Satzteile so an, dass sie jeweils sinnvolle Aussagen ergeben.
b. Entscheiden Sie durch Ankreuzen, ob es sich um Merkmale der Einlinien- oder der Mehrlinien-Organisation handelt.

Merkmal	Einlinien-	Mehrlinien-
erhält seinem unmittelbaren Vorgesetzten Anweisungen jeder Mitarbeiter nur von		
und Informationsweg oft und umständlich der Weisungs- ist lang		
Vorgesetzten/Instanzen sich von Weisungen können verschiedenen widersprechen		
können Informationen oder Vorgesetzten bekommen Weisungen mehreren Mitarbeiter von		
bei unmittelbaren Mitarbeiter Vorschläge können ihren Meldungen oder nur Vorgesetzten vorbringen.		
Unsicherheit sein über die Mitarbeiter können überfordert wegen der zu erledigenden Arbeiten Dringlichkeit und Reihenfolge		

59. Arbeitsauftrag:

Entscheiden Sie durch Ankreuzen für die nachfolgenden Rechtsgeschäfte, ob diese mit einer Handlungsvollmacht (Generalhandlungsvollmacht) oder mit Prokura durchgeführt werden können.

Rechtsgeschäft	Handlungs-vollmacht	Prokura
1. Anschaffung einer neuen Betriebs-Software mit Service-Vertrag		
2. Vertretung des Unternehmens vor dem Gericht wegen einer Klage eines Kunden		
3. Gewährung eines Sonderrabatts von 15 % für einen Kundenauftrag		
4. Versetzung eines Mitarbeiters innerhalb der Abteilung Lager		
5. Unterschreiben der fertigen Bilanz des Unternehmens		
6. Nicht-Annahme einer Warenlieferung wegen deutlicher Verspätung		

60. Arbeitsauftrag:

Hefte raus! Besinnungsaufsatz zum Thema: „Warum schätzen wir den liebevoll-autoritären Führungsstil unseres Klassenlehrers?"

Bringen Sie die nachfolgenden Aussagen zum **Führungsstil** durch Eintragen von Ziffern (1–5) in eine sinnvolle Abstufung: autoritär (= 1) ... bis kooperativ (= 5).

Entscheidung	autoritär (1) – kooperativ (5)
1. Herr Schluck entscheidet, das Sortiment um Energy-Drinks zu erweitern und legt den betroffenen Abteilungen die Produktliste vor.	
2. Herr Schluck will im Geschäftslokal Knabberartikel anbieten. Seine Mitarbeiter sollen mitentscheiden, welche Warengruppen (z. B. Chips, Nüsse) ausgewählt werden sollen.	
3. Herr Schluck will die Auswahl an Mineralwasser-Sorten reduzieren und holt von den Mitarbeitern Vorschläge zu den auszuwählenden Waren ein.	
4. Herr Schluck plant das Angebot an Säften zu erweitern. Die Mitarbeiter aus dem Einkauf und Verkauf sollen die Auswahl der neuen Waren eigenständig festlegen.	
5. Herr Schluck will den Verkaufsraum neu gestalten (z. B. Regale, Truhen). Er legt seinen Mitarbeitern den Plan vor und fragt sie um ihre grundsätzliche Meinung.	

61. Arbeitsauftrag:

Da scheint mir doch noch ausreichend Platz für eine „Unklar"-Spalte zu sein?!

Entscheiden Sie durch Ankreuzen, ob die folgenden Aussagen zum Thema Unternehmensorganisation und -führung richtig oder falsch sind!

	Aussagen	richtig	falsch
1.	Bei der **Aufgabenanalyse** wird die Gesamtaufgabe des Betriebs zunächst in Teilaufgaben und dann in Einzelaufgaben gegliedert.	👍	👎
2.	Das Zusammenbringen von Einzelaufgaben zu einem passenden Aufgabenbereich bezeichnet man als **Aufgabensymphonie**.	👍	👎
3.	Bei der **Stellenbildung** werden i. d. R. mehrere Einzelaufgaben einem Beschäftigten zugeordnet.	👍	👎
4.	Eine Stelle, die auch Anordnungsbefugnisse gegenüber anderen Mitarbeitern besitzt, wird auch **Monstranz** genannt.	👍	👎
5.	Die **Stellenbeschreibung** beinhaltet die Hauptelemente Stellen**aufgaben**, Stellen**anforderungen** und Stellen**eingliederung**.	👍	👎
6.	Eine **Stellenbeschreibung** ist ein gutes Hilfsmittel, wenn eine Stelle neu besetzt werden muss.	👍	👎
7.	Die Rangordnung im Betrieb, d. h. wer wem Anordnungen geben darf, ist die **Anarchie** des Unternehmens.	👍	👎
8.	Ein **Organigramm** ist ein Gruppenbild aller Mitarbeiter, bei dem sich diese entsprechend ihrer Aufgaben aufstellen müssen.	👍	👎
9.	Bei einem **Einliniensystem** erhalten alle Mitarbeiter des Unternehmens nur von jeweils einem Vorgesetzten Anweisungen.	👍	👎
10.	Je autoritärer der Führungsstil eines Vorgesetzten, desto mehr Entscheidungsspielraum erhalten die Mitarbeiter.	👍	👎

Lernfeld 2
Ein Unternehmen kontrollieren

2.1 Controlling
2.1.1 Unternehmen verfolgen mit Ihrer Arbeit Ziele
▶ **Unternehmensziele**

Wirtschaftsbetriebe verfolgen vielfältige Ziele!

☞ **1. Sachziele:**
Sachziele benennen den sachlichen Zweck eines Unternehmens.
Beispiel: Die Bäckerei Croissant ist ein Lieferant des Schülerkiosks. Ihr Sachziel sind die **Produktion** und der **Verkauf** von **Backwaren** aller Art!

☞ **2. Wirtschaftliche Ziele:**
Sachliche Ziele dienen zur Erreichung wirtschaftlicher Zielsetzungen.
Beispiel: Die Bäckerei Croissant möchte **Gewinne erwirtschaften**.

☞ **3. Soziale Ziele:**
Soziale Ziele können sich auf die Interessen der Mitarbeiter eines Unternehmens beziehen. Auch die Übernahme sozialer Verantwortung für die Gesellschaft ist Ausdruck sozialer Zielsetzungen eines Unternehmens.
Beispiel: Die Bäckerei Croissant gestaltet den Pausenraum der Mitarbeiter in angenehmen Farben. Dadurch schafft sie eine bessere Arbeitsatmosphäre und trägt zur Verbesserung der **Arbeitszufriedenheit** bei.
Beispiel: Die Schüler des Berufskollegs besuchen die Bäckerei im Rahmen einer Betriebsbesichtigung und lernen dabei die Produktion kennen. Dadurch setzt sie **Anregungen für Ausbildungsberufe**.

☞ **4. Ökologische Ziele:**
Ökologische Ziele sind ein Beitrag des Unternehmens zur Erhaltung bzw. zur Verbesserung der Umwelt.
Beispiel: Die Bäckerei Croissant arbeitet nur mit Rohstoffen aus biologischem Anbau. Sie trägt damit zum **Schutz der Umwelt** bei.

☞ **Zielbündel:**
Ein Unternehmen verfolgt gleichzeitig mehrere Ziele. Solche Zielbündel können mitunter im Konflikt stehen. Hier ist es die Aufgabe des Unternehmers, die jeweiligen Ziele richtig zu dosieren.
Beispiel: Betriebsbesichtigungen verursachen Kosten (wirtschaftliches Ziel: Kostensenkung). Gleichzeitig können Schüler vielleicht für eine zukünftige Ausbildung in der Bäckerei interessiert werden (soziales Ziel).

62. Arbeitsauftrag:

*Im nachfolgenden Interview erhalten Sie Informationen über die **Ziele**, die Hausmeister Kruse mit seinem **Unternehmen Schülercafé** verwirklichen möchte. Die nachfolgende Übersicht in Form einer Mind-Map versucht, die verschiedenen Ziele und die entsprechenden Beispiele übersichtlich darzustellen.*

*a. Lesen Sie das **Interview** und **markieren** Sie alle **Textstellen**, in denen Herr Kruse seine **Unternehmensziele** benennt.*
b. Ergänzen Sie im Rückgriff auf das Schülerinterview die leeren Kästchen.

Die Schülerzeitung „Der Kaktus" führt zum einjährigen Jubiläum des Schülerkiosks „Café Krümel" ein Interview mit Herrn Kruse. Lisa und Bodo, die Reporter der Schülerzeitung, haben sich hierzu einige Fragen überlegt. Bereitwillig gibt unser Hausmeister als Kioskbetreiber Auskunft.

Lisa	Hallo, Herr Kruse, und schon jetzt vielen Dank, dass Sie uns einige Fragen zum Schülerkiosk „Café Krümel" beantworten möchten.	1 2
Kruse	Liebend gerne! Als Unternehmer stehe ich Ihnen natürlich jederzeit Rede und Antwort, denn Sie sind ja schließlich meine Kunden!	3 4
Bodo	O.K. – dann mal los! Hausmeister am Berufskolleg und zugleich Kioskbetreiber! Welche Ziele verfolgen Sie eigentlich mit dem Schülercafé?	5 6
Kruse	Nun ja, mein Ziel ist es zunächst einmal, unsere Schüler in ihren unterrichtsfreien Pausen mit allen möglichen Leckereien und Getränken zu versorgen. Ganz sachlich gesehen, treibe ich Handel mit Esswaren und Getränken.	7 8 9
Lisa	Gut, das machen Sie ganz offensichtlich ja auch sehr erfolgreich. Im Kiosk ist ständig was los! Nun mal ehrlich – Sie verkaufen Ihre Waren doch nicht nur aus Liebe zu den Schülern!	10 11
Kruse	Hmm, wenn Sie also so direkt fragen! Natürlich ist der Handel mit Waren nur Mittel zum Zweck. Ich verfolge mit meinem Kiosk selbstverständlich klare wirtschaftliche Ziele. Bei aller zusätzlichen Arbeit soll es sich für mich auch lohnen und deshalb muss auch ein Gewinn herausspringen.	12 13 14
Bodo	Jetzt kommen wir der Sache schon näher, Herr Kruse!	15
Kruse	Halt, halt – hier entsteht hoffentlich kein falsches Bild! Schließlich habe ich ja auch eigenes Geld in den Kiosk investiert! Wenn ich im Kiosk keinen Gewinn mache, hätte ich mein Geld doch besser auf meinem Sparbuch angelegt und mich über die Zinsen gefreut. Erst wenn mein Gewinn im Kiosk die Sparbuchzinsen übersteigt, habe ich mein wirtschaftliches Ziel erreicht. Denn dann arbeitet der Kiosk rentabler!	16 17 18 19 20
Lisa	In der kommenden Woche findet am Berufskolleg das alljährliche Fußballturnier statt. Höhepunkt ist wahrscheinlich wieder das Spiel der Schülermannschaft gegen das Team der Lehrer. Sie haben hierzu in diesem Jahr einen Pokal gestiftet – das Turnier soll zukünftig „Krümel-Cup" heißen!	21 22 23
Kruse	Ist das nicht eine tolle Idee? Der Kiosk bedankt sich damit für die Treue seiner Kunden. Dies ist mein Beitrag für ein besseres Schulklima!	24 25
Lisa	Und bei dieser Gelegenheit kaufen die Kunden natürlich die Getränke des Kiosks!	26
Kruse	Das hört sich schon wieder so vorwurfsvoll an! Ich bin Unternehmer und verbinde die vielen Ziele miteinander! Und für die Schüler an unserer Schule tut mein Kiosk eine ganze Menge.	27 28
Bodo	Da bin ich ja mal gespannt!	29
Kruse	Denken Sie nur an das Schülerprojekt der Handelsschule. Studienrat Klamm hat in meinem Kiosk die Möglichkeit, mit seinen Schülern die vielfältige Praxis eines Unternehmens einzuüben. Betriebswirtschaftliches Denken wird in praktisches Handeln umgesetzt. Dem Kiosk sei Dank, denn er fördert das Lernen an unserer Schule!	30 31 32 33
Lisa	Gut, gut, Herr Hausmeister, aber der Kiosk profitiert damit doch auch von den Erkenntnissen der Handelsschüler – Sie geben, aber Sie nehmen auch schon wieder!	34 35
Kruse	Immer dieser Unterton! Was ist zum Beispiel mit dem Schülerpraktikum? Im kommenden Frühjahr werde ich zwei Schülern erstmals einen Platz im Schülerpraktikum anbieten. Der Schülerkiosk übernimmt Verantwortung – das ist doch ein soziales Ziel!	36 37 38
Bodo	Gut, bleiben wir also bei Ihren Zielen. Zuletzt gab es Ärger mit einer Lehrerin, die ihre Schüler …	39
Kruse	Immer wieder diese Geschichte! Sie meinen Frau Veto – die Politiklehrerin. Na ja, die Dame hat im Unterricht kritisiert, dass in meinem Schülercafé Einwegteller benutzt werden. Aber bitte – als Unternehmer sehe ich eben, dass Mehrweggeschirr aus Porzellan sehr viel teurer ist.	40 41 42
Bodo	Frau Veto meint, der Kiosk belastet mit seinen Kunststofftellern die Umwelt, indem jeden Tag ein riesiger Müllberg aus Tellern entsteht! Im Politikunterricht wurde über das Thema „Ökologie und Verantwortung der Unternehmen" heftig diskutiert. Also, Herr Kruse: Mehrweggeschirr oder Boykott!	43 44 45 46
Kruse	Ja, ja – ich bekenne mich ja mittlerweile auch zu diesem Problem! Sie fragen mich nach Zielen, die ich mit meinem Schülerkiosk verfolge. Nun – als Hausmeister weiß ich, wo der Hammer hängt! Ich bekenne mich zur Umwelt und der Kiosk wird zukünftig stärker auf ökologische Ziele setzen. Und damit Sie sehen, dass ich die Sache auch wirklich angehe: Nach den nächsten Ferien wird der Kiosk seine Waren auf Mehrweggeschirr anbieten!	47 48 49 50 51
Lisa	Sieh an! Grüne Welle im Schülercafé – das ist eine Schlagzeile für den nächsten „Kaktus"!	52

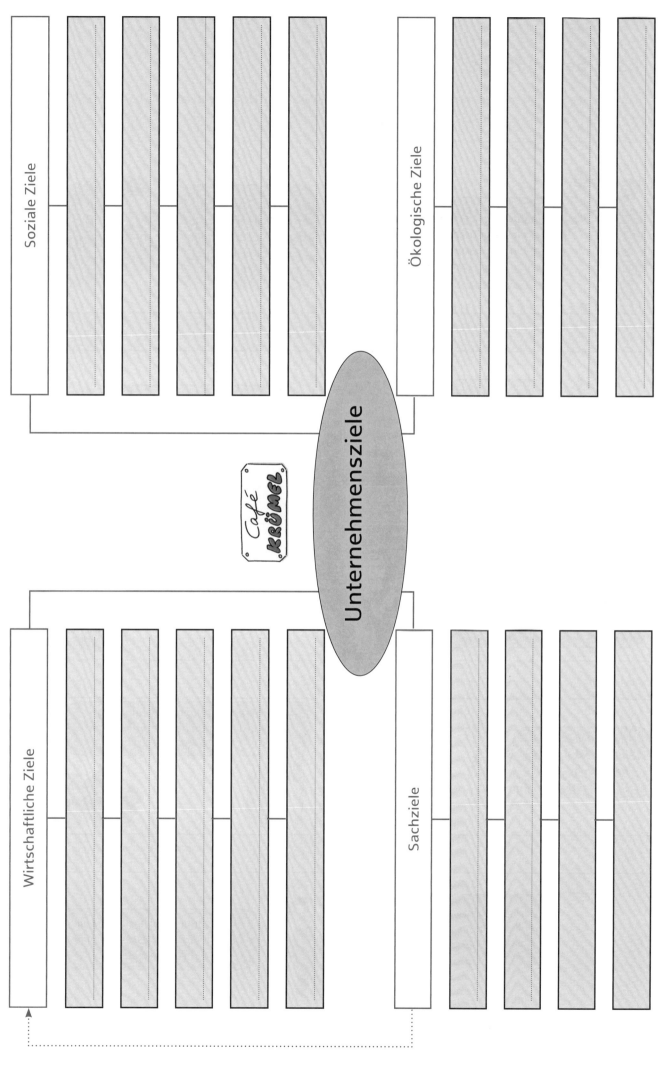

Unternehmensziele

Soziale Ziele

Ökologische Ziele

Wirtschaftliche Ziele

Sachziele

Café KRÜMEL

63. Arbeitsauftrag:

*Lesen Sie die nachfolgenden Aussagen und tragen Sie das jeweilige **Unternehmensziel** in die Kästchen ein!*

Damit der Kiosk erfolgreich ist, muss ich die Kosten senken — im Einkauf setze ich daher auf günstige Lieferanten!

Dies ist ein .... Ziel.

Ich bin Frau Kruse und arbeite im Verkauf des Kiosks! Ein erfolgreicher Kiosk sichert meinen Arbeitsplatz!

Dies ist ein .... Ziel.

In seinem Kiosk bietet Kruse aus Überzeugung nur Brötchen an, bei denen das Mehl aus rein biologischem Anbau stammt.

Dies ist ein .... Ziel.

Bei Schulfesten kauft der Schülerkiosk Frikadellen bei der Metzgerei Haxe und verkauft diese in der Aula!

Dies ist ein .... -ziel.

Der Supermarkt gegenüber der Schule hatte dem Kiosk viele Kunden abgezogen. Durch die frisch belegten Brötchen kamen die Kunden zurück. Solche Ideen sichern dem Kiosk Marktanteile!

Dies ist ein .... Ziel.

Der Kiosk bietet seinen Kunden Fruchtsäfte aus biologischem Anbau an!

Dies ist ein .... Ziel.

Die Mitarbeiter im Schülerkiosk erhalten neuerdings einen Rabatt!

Aber hallo!

Dies ist ein .... Ziel.

Die Stromrechnung stieg und stieg! Der Kiosk hat nun den Stromanbieter gewechselt.

Nomaden in Sachen Energie!

Dies ist ein .... Ziel.

Der neue Kühlschrank im Kiosk ist besonders energiesparsam.

Na supi — Spielraum für die überfällige Aufbesserung meines Taschengeldes!

Dies ist ein .... Ziel.

64. Arbeitsauftrag:

Und hier nun eine neue Runde von: Prominenten in den Mund gelegt!

Erstmalig findet in diesem Jahr eine Weihnachtsfeier für die Mitarbeiter im Schülerkiosk statt. Essen und Trinken gehen auf die Rechnung des Hausmeisters und am Ende erhält jeder Mitarbeiter sogar ein kleines Weihnachtsgeschenk!

*Als Chef des Schülerkiosks hatte sich Hausmeister Kruse lange gegen eine solche Feier gewehrt. Bei den vielen Zielen, die er als Unternehmer anstrebe, sah er hier einen unüberbrückbaren **Zielkonflikt**!*

a. *Welches **Unternehmensziel** könnte der Unternehmer Kruse im Auge gehabt haben, wenn er stets gegen eine solche Veranstaltung argumentierte?*
b. *Mit welchen **Unternehmenszielen** könnte Birgit, die Schülerin aus der Buchhaltung, ihren Chef überzeugt haben?*

Schreiben Sie die möglichen Argumente in die nachfolgenden Sprechblasen!

Nein, nein, nein!
Das mit der Weihnachtsfeier geht nicht, da ...

Herr Kruse, nun hören Sie doch mal!

> Also wirklich Werner! Anstatt Pause zu machen solltest du dich besser mal um unseren Unternehmenserfolg kümmern!
>
> Schon mal was von **Wirtschaftlichkeit**, **Rentabilität** und **Produktivität** gehört? Du arbeitest jedenfalls gerade nicht besonders produktiv, wie man sieht!

> Meine Frau wünscht Infos zur Wirtschaftlichkeit unseres Kiosks!

> Ok, dann suche ich mal für die letzten zwei Monate unsere **Aufwendungen** und **Erträge** raus.

Aufwendungen im Mai:	
Wareneinkauf	3.000,00 €
+ Strom, Gas, Wasser	200,00 €
+ Löhne	500,00 €
+ weitere Aufwendungen	250,00 €
	3.950,00 €

Erträge im Mai:	
Warenverkauf	6.000,00 €
+ Zinserträge	20,00 €
	6.020,00 €

Gewinn im Mai:	
Erträge	6.020,00 €
− Aufwendungen	3.950,00 €
= **Gewinn**	**2.070,00 €**

Die Wirtschaftlichkeit des Schülerkiosks lässt sich aus dem Verhältnis seiner Erträge (Leistung) zu seinen Aufwendungen (Kosten) ermitteln:

$$\text{Wirtschaftlichkeit} = \frac{\text{Erträge}}{\text{Aufwendungen}} = \frac{6.020,00}{3.950,00} = 1,52$$

65. Arbeitsauftrag:

Berechnen Sie den Gewinn für Juni und ermitteln Sie die Kennzahl „Wirtschaftlich-keit". Wie beurteilen Sie das Ergebnis im Vergleich zu Mai?

Aufwendungen im Juni:	
Wareneinkauf	2.950,00 €
+ Strom, Gas, Wasser	170,00 €
+ Löhne	450,00 €
+ weitere Aufwendungen	₁ 190,00 €
	3 760 00 €

Erträge im Juni:	
Warenverkauf	6.500,00 €
+ Zinserträge	15,00 €
	6.515,00 €

Gewinn im Juni:	
Erträge	6.515,00 €
- Aufwendungen	3.760,00 €
= Gewinn	2.755,00

$$\text{Wirtschaftlichkeit} = \frac{\text{Erträge}}{\text{Aufwendungen}} \qquad \frac{6.515,00}{3.760,00} = 1,73$$

Der Juni war wirtschaftlicher als der Mai

Und was ist mit unserer **Eigenkapitalrentabilität?**

Das wird Ilse auch brennend interessieren!

Die **Eigenkapitalrentabilität** gibt in Prozent an, mit welchem Erfolg das Eigenkapital eingesetzt wurde.

Zur Berechnung der Eigenkapitalrentabilität benötigt man die Höhe des Gewinns und die Höhe des eingesetzten Eigenkapitals.

$$\text{Eigenkapitalrentabilität} = \frac{\text{Gewinn} \times 100}{\text{Eigenkapital}} = \frac{2.070,00 \times 100}{11.000,00} = \mathbf{18,8\%}$$

Die Eigenkapitalrentabilität von 18,8 % sagt aus, dass das eingesetzte Eigenkapital mit diesem Zinssatz verzinst wurde. Hätte Herr Kruse das Kapital bei der Bimbes-Bank angelegt, dann hätte er nur einen Zinssatz von vielleicht 3 % bekommen.

66. Arbeitsauftrag:

Berechnen Sie die Rentabilität bei einem Gewinn von 2.755,00 € und einem Eigenkapital von 11.000,00 €.

$$\text{Eigenkapitalrentabilität} = \frac{2.755,00 \cdot 100}{11.000,00} = 25,04 \%$$

Eure **Arbeitsproduktivität** lässt ja ziemlich zu wünschen übrig, meine Herren. Da schafft Dixie ja dreimal mehr beim Einräumen der Lagerregale!

Bei der Arbeitsproduktivität wird z. B. die erbrachte Leistung (Ausbringungsmenge) dem notwendigen Zeitaufwand (Einsatzmenge) gegenübergestellt.

$$\text{Arbeitsproduktivität Rico} = \frac{\text{Ausbringungsmenge}}{\text{Arbeitsstunden}} = \frac{100}{3} = \mathbf{33\ Artikel/Std.}$$

67. Arbeitsauftrag:

Berechnen Sie die Produktivität von Ralf (110 Artikel in 3 Stunden) und Dixie (150 Artikel in 1,5 Stunden) beim Einräumen des Lagers.

$$\text{Arbeitsproduktivität Ralf} = \frac{110}{3} = 36,67 \ \textbf{Artikel in der Stunde} \approx 36$$

$$\text{Arbeitsproduktivität Dixie} = \frac{150}{1,5} = 100 \ \textbf{Artikel in der Stunde}$$

68. Arbeitsauftrag:

Entscheiden Sie durch Ankreuzen, ob die Aussagen richtig oder falsch sind!

	Aussagen	richtig	falsch
1.	Unternehmen verfolgen Unternehmensziele. Diese kann man in wirtschaftliche, sachliche, soziale und ökologische Ziele aufgliedern.	👍	👎
2.	Verfolgen Unternehmen gleich mehrere Ziele, so spricht man von einem Zielbeutel.	👍	👎
3.	Man spricht von einem Zielbündel, wenn Unternehmen gleich mehrere Ziele verfolgen.	👍	👎
4.	Sachziele sind letztlich Unterziele wirtschaftlicher Zielsetzungen. Sachziel des Kiosks ist die Bewirtung der Schüler, die nicht am Unterricht teilnehmen möchten.	👍	👎
5.	Ökologische Ziele verdeutlichen das Bewusstsein eines Unternehmens für die Erhaltung der Umwelt. Die Bäckerei Croissant backt nur mit Mehl aus biologischem Anbau.	👍	👎
6.	Bemüht sich ein Unternehmen beispielsweise darum, möglichst vielen Auszubildenden einen Festarbeitsplatz anzubieten, so verfolgt es ein soziales Ziel.	👍	👎
7.	Von einem Zielkonflikt ist die Rede, wenn verschiedene Unternehmensziele zumindest scheinbar nicht miteinander zu vereinbaren sind.	👍	👎
8.	Die Bimbes-Bank verfolgt als Sachziel die Vergabe von Krediten an ihre Kunden.	👍	👎
9.	Der Schülerkiosk möchte Gewinne erzielen. Dies ist ein wirtschaftliches Ziel.	👍	👎
10.	Der Schutz unserer Umwelt ist ein besonders wichtiges soziales Ziel.	👍	👎
11.	Beispiele für wirtschaftliche Ziele sind: Sicherung von Marktanteilen und Kostensenkungen.	👍	👎
12.	Die Verbesserung des Betriebsklimas ist ein ökologisches Ziel.	👍	👎

69. Arbeitsauftrag:

Schließen Sie die Satzlücken. Nutzen Sie dazu den grauen Wortkasten.

Jedes Unternehmen prüft regelmäßig die Erreichung seiner _Unternehmensziele_ z.B. mit den Fragen: „Bringt der Einsatz den erwarteten Erfolg?" oder „Lohnt sich das?".

Kennzahlen für diese Überprüfung sind z.B. die Wirtschaftlichkeit, die Produktivität und die Eigenkapitalrentabilität. Je _höher_ der berechnete Wert ist, umso _erfolgreicher_ hat das Unternehmen gearbeitet.

Das Unternehmensziel **Wirtschaftlichkeit** kann man messen. Dazu braucht man die _Erträge_ , die das Unternehmen erzielt hat (also: seine _Leistung_) und die _Aufwendungen_ , die das Unternehmen zur Erreichung des Unternehmensziels aufgebracht hat (also: seine _Kosten_). Nun kann man die Wirtschaftlichkeit des Unternehmens aus dem _Verhältnis_ der Erträge (Leistung) zu den Aufwendungen (Kosten) ermitteln.

An der Kennzahl **Eigenkapitalrentabilität** kann man sehen, ob sich die Investition von _Eigenkapital_ gelohnt hat. Der errechnete Wert besagt, dass sich das eingesetzte Eigenkapital mit diesem _Zinssatz_ verzinst hat.

Bei der Messung der **Arbeitsproduktivität** wird die Leistung der _Arbeitskräfte_ ihrer eingesetzten _Arbeitszeit_ gegenübergestellt. Die Arbeitsproduktivität drückt also aus, wie ergiebig das Unternehmen gearbeitet hat.

70. Arbeitsauftrag:

Berechnen Sie aus den folgenden Angaben die Wirtschaftlichkeit, die Eigenkapitalrentabilität und die Arbeitsproduktivität der Getränkehandlung Schluck.

Erträge: 220.000,00 €	Eigenkapital: 400.000,00 €
Arbeitskräfte: 5	Aufwendungen: 140.000,00 €
Gewinn: 80.000,00 €	Ausbringungsmenge: 220.000,00 € Umsatz

$$\text{Wirtschaftlichkeit} = \frac{\text{Erträge}}{\text{Aufwendungen}} = \frac{220.000,00}{140.000,00} = 1,57 \approx 1,60$$

$$\text{Eigenkapitalrentabilität} = \frac{\text{Gewinn} \times 100}{\text{Eigenkapital}} = \frac{80.000 \cdot 100}{400.000} = 20\%$$

$$\text{Arbeitsproduktivität} = \frac{\text{Ausbringungsmenge}}{\text{Arbeitsproduktivität}} = \frac{220.000}{5} = 44.000$$

Lernfeld 3
Ein Unternehmen disponiert und beschafft Güter

3.1 Beschaffungsmarktforschung und Beschaffungsplanung

Es tut mir sehr leid, Herr Kruse, Privatentnahmen sind im Moment nicht möglich. Der Umsatz ist diesen Monat weiter zurückgegangen.

Schon der dritte Monat hintereinander.

Ich habe es dir doch gesagt. Hier stehen immer weniger Schüler in der Pause an. Tu 'was, Werner, sonst ist Balkon statt Mallorca angesagt!

Alles halb so wild. Bald ist das große Sportfest der Schule, da holen wir die verlorenen Umsätze locker wieder auf.

---

71. Arbeitsauftrag:

Erläutern Sie die **Problemsituation** des Schülerkiosks mit eigenen Worten und arbeiten Sie hierzu mögliche **Ursachen** heraus!

---

72. Arbeitsauftrag:

Schlagen Sie **Maßnahmen** vor, die der Kiosk zur Problemlösung ergreifen könnte. Bilden Sie dazu Arbeitsgruppen und stellen Sie Ihre Überlegungen **anschaulich** dar.

73. Arbeitsauftrag:

Auch Hausmeister Kruse und sein Team versuchen die Ursachen des Umsatzrückgangs herauszufinden. Sie wollen das Kundenverhalten im Getränkebereich untersuchen. Birgit hat hierfür eine Absatzstatistik vorbereitet.

a. Vervollständigen Sie die nachfolgende Verkaufsstatistik, indem Sie auf der Basis der vorhandenen Angaben jeweils die **Gesamtzahl der Verkäufe** für das Vorjahr und das laufende Jahr ermitteln!

b. Werten Sie die Zahlen der Übersicht aus und versuchen Sie, Entwicklungen im Getränkeabsatz zu erkennen.

c. Entscheiden Sie sich für eine hilfreiche Methode der **Auswertung**, um für Herrn Kruse die Entwicklung **anschaulicher** darzustellen.

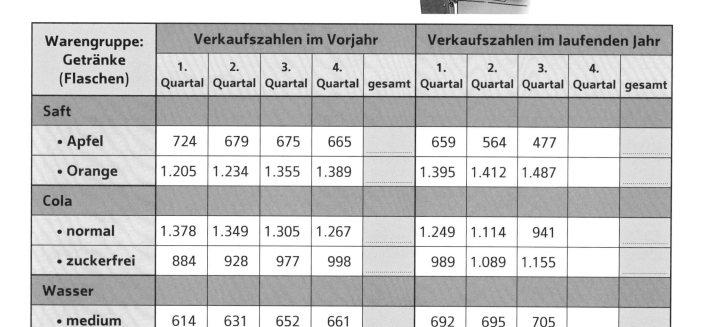

Toll! Zahlen über Zahlen und ich erkenne nichts!

Warengruppe: Getränke (Flaschen)	Verkaufszahlen im Vorjahr					Verkaufszahlen im laufenden Jahr				
	1. Quartal	2. Quartal	3. Quartal	4. Quartal	gesamt	1. Quartal	2. Quartal	3. Quartal	4. Quartal	gesamt
Saft										
• Apfel	724	679	675	665		659	564	477		
• Orange	1.205	1.234	1.355	1.389		1.395	1.412	1.487		
Cola										
• **normal**	1.378	1.349	1.305	1.267		1.249	1.114	941		
• **zuckerfrei**	884	928	977	998		989	1.089	1.155		
Wasser										
• **medium**	614	631	652	661		692	695	705		
gesamt										

Sie brauchen Strategen?!

Es fährt aufs Riff das Narrenschiff!

74. Arbeitsauftrag:

a. Formulieren Sie eine **Strategie**, die der Kiosk angesichts der aktuellen Entwicklung einschlagen sollte!

b. Stellen Sie diese den anderen Arbeitsgruppen vor und diskutieren Sie verschiedene Ansätze. Nehmen Sie etwaige Anregungen auf und ergänzen Sie Ihr Vorhaben entsprechend.

Große Pause im Berufskolleg. Die Kunden ziehen scharenweise in den Schülerkiosk und eigentlich ist alles ganz normal. Doch da …!

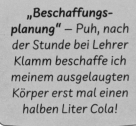

„**Beschaffungsplanung**" – Puh, nach der Stunde bei Lehrer Klamm beschaffe ich meinem ausgelaugten Körper erst mal einen halben Liter Cola!

Das glaub ich jetzt nicht! Wir haben Aktionswoche, wollen alle gesünder leben – und was schüttest du in dich hinein?!

Eine Flasche **Orangen-Energy-Drink** und kommen Sie mir nicht mit dem Zuckerzeug aus Ihrem Verkaufsregal!

Pah – ich höre nur noch Energy! Diese Aktionswoche „Gesunde Schule" macht mir die ganze Kundschaft nervös! Also nochmals: wir haben keinen „Orangen-Energy-Drink"!

Es stählt auch den Körper - sagt Sportlehrer Grätsche!

Mmh lecker in Orange, will ich auch! Nur leider hat der Kiosk so was nicht im Sortiment!

Im Kiosksortiment gibt es Säfte, Cola und Wasser. Aber nein: Zuckerfreier Firlefanz muss es sein! Der Markt gerät in Bewegung. Aber was heißt das für mich?

Energy-Drinks würden mich leistungsfähiger machen und …

… und Grätsches Waschbrettbauch bleibt für euch unerreichbar! Tja, da bleibt nur gezieltes Hanteltraining oder der Supermarkt gegenüber!

König Kunde macht Zicken!

75. Arbeitsauftrag:

Alarmiert durch die aktuellen Entwicklungen beobachtet Hausmeister Kruse aufmerksam seine Kundschaft.

a. Fassen Sie in eigenen Worten die geäußerten Kundenwünsche zusammen.
b. Vergleichen Sie dieses Ergebnis mit den Zahlenwerten der vorhergehenden Seite. Entscheiden Sie begründet, ob „Perla" zu den festgestellten Trends passen könnte.

76. Arbeitsauftrag:

*Jetzt ist es heraus: Kruse möchte einen Energydrink in das Kiosksortiment aufnehmen!
Im Rahmen der Bedarfsermittlung geht Lehrer Klamm mit seinen Handelsschülern das Thema **Mengenplanung** durch. Klar doch: Sie sind dabei!*

a. Klären Sie die Begriffe „**Lagerkosten**" und „**Bestellkosten**". Suchen Sie hierzu jeweils geeignete Beispiele und listen Sie diese auf.
b. „Unterrichtsbeteiligung erwünscht": Schließen Sie die Lücken in den Sprechblasen.
c. Informieren Sie sich über das Thema „**Optimale Bestellmenge**" und berechnen Sie diese anhand der Vorgaben für den Kiosk (Beherrschen Sie eigentlich Excel?!).

Nullte Stunde am Berufskolleg:

Je öfter wir bestellen, desto .... sind die Bestellkosten ...

... aber umso .... sind die **Lagerkosten** ...

Na ja - und wenn wir weniger häufig bestellen?

Bei der Mengenplanung muss die **Bestellmenge optimal** überlegt sein! Denn ... — und jetzt mal bitte alle!

Dann .... zwar die **Bestellkosten**, aber dafür .... die **Lagerkosten**!

Am selben Nachmittag in der Kioskverwaltung:

Klamm hat Kruse gesteckt, dass wir die Mengenplanung im Unterricht behandeln!

Gut kombiniert und hier sind unsere Vorgaben dank langjähriger Erfahrung: im Jahr werden wir **5.000 Flaschen** Energyfirle... äh -drinks verkaufen!

Die **Lagerkosten** betragen je Flasche 0,22 €!

Und jetzt dürfen wir für den neuen Energydrink die optimale Bestellmenge ermitteln — excellent!

Und **jede Bestellung kostet** uns unglaubliche 25,00 €!

Anzahl der Bestellungen	Bestellmenge (Flaschen)	Ø Lagerbestand (Flaschen)	Lagerkosten (€)	Bestellkosten (€)	Gesamtkosten
1	5.000				
2					
3					
4					
5					
6					
7					
8					
9					
10					
11					
12					

Nun muss die **Warenbeschaffung auch zeitlich geplant werden**, denn ein wichtiges Schulereignis spielt dabei eine entscheidende Rolle:

Schulleiterin Frau Dr. Karzer im Schülerkiosk:

Herr Kruse! Das Sportfest ist der Höhepunkt unserer Aktionswoche „gesunde Schule"!

Und als Knaller liefert der Kiosk das passende Fitness-Getränk: **Energydrinks** mit Firle… äh Orangengeschmack! Zuckerfrei – versteht sich!

Heute ist Freitag, d. h. in genau zwei Wochen findet das Sportfest statt! Werner – jetzt nur keine Planungsfehler!

Ich habe alles im Griff: Mal sehen, was Klamms Experten so drauf haben!

Der Countdown läuft …

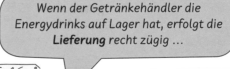

Der **Lieferant bearbeitet** die **Bestellung** recht flott, aber dafür braucht er auch …

Wenn der Getränkehändler die Energydrinks auf Lager hat, erfolgt die **Lieferung** recht zügig …

Ich schreibe die **Bestellung** für unseren Kiosk. Mit **allen Vorarbeiten** brauche ich …

Okay, ich übernehme die **Warenannahme**! Aber das braucht seine Zeit …

… und die Mannschaft funktioniert wie ein Uhrwerk!

Alles schwammig!
1. Was ist zu tun?
2. Wann muss die Bestellung in die Post?

77. Arbeitsauftrag:

Erstellen Sie einen **Ablaufplan für die Warenbeschaffung**.

a. Um die jeweils anfallenden Arbeitsschritte im **Kiosk** und beim **Lieferanten** zu unterscheiden, markieren Sie die entsprechenden Tätigkeiten mit Textmarkern in **zwei unterschiedlichen Farben**.
b. **Nummerieren** Sie in den gelben Kästchen die Tätigkeiten der Warenbeschaffung in ihrer zeitlichen **Abfolge** von 1 bis 12 (Die 13 ist schon vorgegeben). Berücksichtigen Sie dabei auch die jeweiligen Postwege!

Bedarf ermitteln	Angebot schreiben	Bereitstellung der Ware zum Versand	Warenprüfung	Auftragsprüfung
....	....	....	....	....

Lieferung der Ware	Bestellung schreiben	sachgerechte Warenlagerung	Angebotsvergleich durchführen	Anfragen schreiben
....	....	**13**	....	....

Postweg: Kiosk – Lieferant	Postweg: Lieferant – Kiosk	Postweg: Kiosk – Lieferant
....	....	....

> *Tempus fugit – die Zeit läuft und der rechtzeitige Bestelltermin will geplant sein!*

78. Arbeitsauftrag:

*In einer **zeitlichen Rückrechnung** – ausgehend vom Tag des Sportfestes – muss nun der **Bestellzeitpunkt** ermittelt werden. Im nachfolgenden Kalender ist hierzu die notwendige Bearbeitungszeit für die einzelnen Arbeitsschritte festzuhalten. Beachten Sie, dass Hausmeister Kruse die Ware spätestens einen Tag vor dem Fest in seinem Lager haben möchte!*

*Übernehmen Sie die **Nummern der einzelnen Arbeitsschritte** aus Arbeitsauftrag Nr. 77 in die jeweiligen Tagesfelder des Kalenders. Mitunter können auch **mehrere Arbeitsschritte an einem Tag** erledigt werden.*

***Tipp**: Bleistift und Radiergummi, wenn nicht jetzt, wann dann?!*

Do	Fr	Sa	So	Mo	Di	Mi	Do	Fr	Sa	So	Mo	Di	Mi	Do	Fr	Bearbeitungszeit für die Arbeitsschritte:
✕	......	......			......	......								...... **13**	SPORTFEST	**im Kiosk**
✕				......			......	......								**beim Lieferer**

Bestellzeitpunkt ermitteln: zeitlich rückwärts rechnen!

Tja, da schaut Ihr – ich strotze vor Entschlusskraft!
Orangenfirle … äh Energydrinks müssen her!
Und da wir Getränke immer bei der Getränkehandlung Schluck …

Wie – sofort bestellen?

Und wieso immer Schluck?

Energydrink ist nicht gleich Energydrink!

„Aber Chef – bestellen ohne sich vorher zu informieren?" – wenn ich das schon höre! Warum macht Ihr immer alles so kompliziert?

Obwohl – Fragen kostet nichts und überhaupt: wofür hat ein Chef sein Personal?
Also: Lieferanten suchen, Informationen einholen und mir zur Entscheidung vorlegen! Wir haben **circa 500 Gäste** zu versorgen und das Fest steigt schon **in zwei Wochen**! Uuuund: Action!

Entscheidungsfreudig wie immer ergehen klare Anweisungen an das Personal!

79. Arbeitsauftrag:

Bezugsquellen – da kennen Sie sich ja wohl aus!

Wenn wir davon ausgehen, dass Sie nicht die Absicht haben,
die Energydrinks zum anstehenden Sportfest selbst herzustellen, dann …
Ermitteln Sie fünf verschiedene Anbieter, die als Lieferant für Energydrinks infrage kommen
könnten. Erstellen Sie eine Tabelle mit den Spaltenüberschriften „Lieferanten" und „gefunden bei/in".
Bedenken Sie: das Berufskolleg liegt in 53604 Bad Honnef.

Gute Menschen helfen einander:

Heißer Tipp: der Bruder meines Schwagers, der hat einen Freund und der kennt …

Kurze Wege – ganz wichtig! Ich kaufe im Supermarkt gegenüber!

Mmh – wenn ich was brauche, frage ich Birgit!

Grrr …

Papperlapapp – ich will eine saubere **Recherche**! Und vor allem brauche ich **Namen** und **Adressen**! Ich will ein gutes Produkt zum **günstigsten Preis**!!!

80. Arbeitsauftrag:

Zeit für einen ersten Erfahrungsaustausch!
a. Beschreiben Sie ausführlich Ihre Vorgehensweise bei der Lieferantensuche.
b. Erläutern Sie, warum sich welche Informationsquellen besonders bewährt haben.

81. Arbeitsauftrag:

Sie haben Lieferanten — Sie haben Fragen. Was fehlt, sind Antworten!

a. *Fragen Sie schriftlich bei einem Lieferanten an und holen Sie Informationen ein.*
Tipp: *Nutzen Sie hierzu den Briefbogen des Schülerkiosks im Onlinematerial!*
b. *Stellen Sie sich gegenseitig Ihre Anfragen vor und nehmen Sie Anregungen auf.*

82. Arbeitsauftrag:

*Anfragen an Lieferanten können sehr allgemein formuliert sein. Sie können aber auch schon sehr konkrete Aspekte bezüglich der Waren enthalten. Nachfolgend finden Sie Fragen, die typisch sind für sog. **allgemeine** und **bestimmte Anfragen**.*

a. *Vervollständigen Sie das nachfolgende Schaubild, indem Sie die **Nummern** der Fragen entsprechend **zuordnen**!*
b. *Haben Sie (im 81. Auftrag) eine allgemeine oder bestimmte Anfrage geschrieben?*

Anfragen

Allgemeine Anfrage	**Bestimmte Anfrage**
Nr.:	**Nr.:** ....

1. Können Sie uns einen Katalog/einen Prospekt zusenden?	**2.** Welche Qualität hat die Ware?	**3.** Welchen Preis hat die Ware?
4. Können Sie uns ein Warenmuster/eine Warenprobe zusenden?	 *Dieser Arbeitsauftrag treibt Ihnen den Schweiß in die Acrylpullover!*	**5.** Welche Lieferzeit hat die Ware?
6. Können Sie uns eine Preisliste zusenden?		**7.** Welche Lieferbedingungen haben Sie?
8. Haben Sie eine Mindestabnahmemenge?	**9.** Welche Zahlungsbedingungen haben Sie?	**10.** Kann uns ein Vertreter besuchen?

3.1.4 Unternehmen bekommen Angebote von Lieferanten
▶ Bezugskalkulation und Angebotsvergleich (Fall 1)

83. Arbeitsauftrag: *Die Mitarbeiter haben ihre Arbeit erledigt, drei Angebote liegen vor.*

a. Ermitteln Sie die Bezugspreise aller Anbieter für eine Einkaufsmenge von 1.000 Flaschen.

b. Stellen Sie alle anderen Angebotsbedingungen für jeden Anbieter in der unteren Übersicht zusammen.

c. Angebotsinhalte unklar? Informieren Sie sich im nachfolgenden Lehrgang bei Lehrer Klamm.

Hinweis: *Die Entscheidung für den geeigneten Lieferanten treffen Sie im 93. Arbeitsauftrag!*

Köbes Getränkeshop trägt schon im Briefkopf ein unschlagbares Argument!

Honnefer Schluck-Team
Getränkehandlung Friedbert Schluck

Getränke Schluck · Hopfengasse 14 · 53604 Bad Honnef

Schülerkiosk „Café Krümel"
Auf dem Bildungsweg 43
53604 Bad Honnef

Posteingang	
xx.xx.xx..	
Bearbeitet: xx	

Kunden-Nr.: 772

Ihre Zeichen	Unsere Zeichen	Tel.: 0224/456	Bad Honnef
Ihre Nachricht vom	Unsere Nachricht vom	Fax: 0224/4561	
Lo, xx.xx.xx..	Kö	Herr Pils	xx.xx.xx..

Angebot 612-89

Sehr geehrter Herr Labutzke,

vielen Dank für Ihre geschätzte Anfrage. Gerne bieten wir Ihnen an:

Artikel Nr. 234: **Energy-Drink „Perla".** 100% Orange aus natürlichem Anbau, reich an natürlichem Vitamin C, ohne Zuckerzusatz, hoher Fruchtfleischanteil, mit Kohlensäure versetzt, 0,33 Liter-PET-Flasche,
Einzelpreis 0,73 €.

Unsere Preise verstehen sich zuzüglich der gesetzlichen Umsatzsteuer.

Wir gewähren Ihnen einen Rabatt in Höhe von 20 %. Bei Zahlung innerhalb von 14 Tagen erhalten Sie 2 % Skonto. Ansonsten ist der Rechnungsbetrag innerhalb von 30 Tagen ab Rechnungsdatum zur Zahlung fällig. Die Bezugskosten betragen 4 % vom Warennettowert. Die Lieferung erfolgt innerhalb von zwei Tagen nach Eingang Ihrer Bestellung.

Neu! Wir entsorgen Ihre PET-Flaschen. Bei der nächsten Lieferung nehmen wir diese kostenlos mit: „E" wie einfach!

Mit freundlichen Grüßen
Getränkehandlung Schluck

i. A. **Heinz Pils**

Sparkasse KölnBonn – IBAN: DE31380500000111222876
USt-IdNr. DE993677781 – Steuer-Nr.: 222/5351/5254

Heinz Köbes
Getränkeshop!

Köbes OHG · Zur Neige 7 · 53604 Bad Honnef

Schülerkiosk „Café Krümel"
Auf dem Bildungsweg 43
53604 Bad Honnef

*Pfandmäuschen
stets gefüllt vorrätig*

Posteingang	
xx.xx.xx..	
Bearbeitet: xx	

Ihre Zeichen	Unsere Zeichen	Tel.: 0224/456	Bad Honnef
Ihre Nachricht vom	Unsere Nachricht vom	Fax: 0224/4561	
La, xx.xx.xx..	Kö	Herr Köbes	xx.xx.xx..

Angebot 45-987

Sehr geehrter Herr Labutzke,

vielen Dank für Ihre Anfrage. Gerne unterbreiten wir Ihnen folgendes Angebot:

Art.-Nr. 564-5: „Orongade", Erfrischungsgetränk mit 8 % Fruchtsaftgehalt.
Die Zutaten: Wasser, Glukose-Fruktose-Sirup, Zucker, Orangensaftkonzentrat (4,5 %), Kohlensäure, Säurungsmittel, Citronensäure, konzentrierter Orangenextrakt, Säureregulator Natriumcitrat, natürliches Orangenaroma mit anderen natürlichen Aromen, Vitamin C, Stabilisator Johannesbrotkernmehl, Vitamin E, Farbstoff Carotin. Einzelpreis netto je 0,33 Liter-PET-Flasche 0,75 €.

Als Neukunde erhalten Sie einen Rabatt in Höhe von 10 %. Der Rechnungsbetrag ist zahlbar innerhalb von 21 Tagen. Bei Zahlung innerhalb von 7 Tagen gewähren wir Ihnen einen Skonto in Höhe von 2 %. Die Bezugskosten betragen Ihnen 3 % Skonto. Die Lieferung erfolgt innerhalb 3 Tagen nach Bestellungseingang. Die Transportkosten betragen 3 % vom Warennettowert.

Finanzierungsprobleme? Über unsere Hausbank finanzieren wir zu sensationell günstigen Zinskonditionen! Wir würden uns freuen, bald von Ihnen zu hören.

Mit freundlichen Grüßen
Heinz Köbes OHG

Heinz Köbes

Bankverbindung: Bimbes Bank – IBAN: DE99381500000876123987
USt-IdNr. DE933475987 – Steuer-Nr.: 227/5797/5331

Peter Pack GmbH

Peter Pack GmbH · Im Fuchsbau 2 · 53604 Bad Honnef

Schülerkiosk „Café Krümel"
Auf dem Bildungsweg 43
53604 Bad Honnef

*Jetzt auch im Netz!
www.DirektPack.de*

Posteingang	
xx.xx.xx..	
Bearbeitet: xx	

Telefon, Name
02224-12345
Frau Reibach
Ihr Zeichen,
Ihre Nachricht vom
Wi, xx.xx.xx..
Unser Zeichen,
unsere Nachricht vom
Re

Angebot 5245

Sehr geehrter Herr Labutzke!

Ihre Anfrage war eine gute Wahl. Unser Top-Angebot erhalten Sie freibleibend:

Artikel-Nr. 34-14: **„Mirandola" – Energy Drink.** Fruchtsaftgehalt 3 %;
Zutaten: Wasser, Zuckeranteil 10 %, Kohlensäure, Orangensaftkonzentrat; Säurungsmittel, Citronensäure; Orangenextrakt, natürliches Orangenaroma; Antioxidationsmittel: Ascorbinsäure; Stabilisator: Johannesbrotkernmehl; Farbstoff: Carotine. In der praktischen 0,33 Liter-Kunststoffflasche.
Einzelpreis 0,76 Euro zuzüglich USt.

Wir gewähren Ihnen einen einmaligen Neu-Kundenrabatt in Höhe von 15 %. Unsere Rechnungen sind zahlbar innerhalb von 21 Tagen. Bei Zahlung innerhalb von 7 Tagen gewähren wir Ihnen einen Skonto in Höhe von 2 %. Die Bezugskosten betragen pauschal 20 € je Lieferung. Lieferungen erfolgen binnen 3 Tagen

Warum noch warten? Bestellen Sie gleich jetzt, denn schnell bestellt ist schnell geliefert! Noch Fragen? Gerne besucht Sie unser Außendienstmitarbeiter Herr Beinhart – der Anruf lohnt!

Mit freundlichen Grüßen
Peter Pack GmbH

i. A. **Elsa Reibach**

Bankverbindung: Bankhaus Penunse – IBAN DE99386512800222345987
USt-IdNr. DE934799983 – Steuer-Nr.: 227/5387/5561

	%	Getränke Schluck	%	Peter Pack	%	Getränkeshop Köbes
Listeneinkaufspreis pro Stück		0,73 €		0,76		0,75 €
Listeneinkaufspreis der Menge		730,00 €		760,00		750,00
– Liefererrabatt $730:100\cdot20\%$	20%	146,00 €	15%	114	10%	75
= Zieleinkaufspreis		584,00 €		646,00		675,00
– Liefererskonto $584\cdot100\cdot2\%$	2%	11,68 €	2%	12,82	3%	20,25
= Bareinkaufspreis		572,32 €		633,08		654,75
+ Bezugskosten $572,32:100\cdot4\%$	4%	22,36 €		20,00	3%	20,25
= Bezugspreis der Menge		335,18 €		653,08		675,00
Bezugspreis pro Stück		0,60 €		0,65		0,68

► Inhalte von Angeboten

Ich hörte, Sie haben **Angebote** erhalten? Dies gibt mir die Gelegenheit, Sie auf die möglichen Angebotsinhalte vorzubereiten. Ich warne Sie: Das ist ein Dschungel — da bringen Sie nur **Fachkenntnisse** durch!

???

Wir sind bereit, Herr Klamm!

84. Arbeitsauftrag:

Nachfolgend finden Sie Beispiele für Fachbegriffe und Formulierungen, die regelmäßig in Angeboten verwendet werden.

Ordnen Sie die Buchstaben der nachfolgenden Formulierungen den Kategorien der Angebotsinhalte im unteren Schaubild zu.

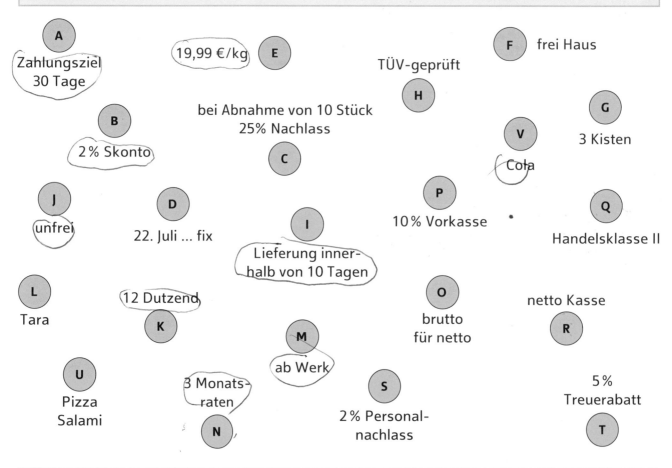

A – Zahlungsziel 30 Tage

E – 19,99 €/kg

F – frei Haus

H – TÜV-geprüft

B – 2 % Skonto

C – bei Abnahme von 10 Stück 25 % Nachlass

V – Cola

G – 3 Kisten

J – unfrei

D – 22. Juli ... fix

I – Lieferung innerhalb von 10 Tagen

P – 10 % Vorkasse

Q – Handelsklasse II

L – Tara

K – 12 Dutzend

M – ab Werk

O – brutto für netto

netto Kasse

R – 5 % Treuerabatt

U – Pizza Salami

N – 3 Monatsraten

S – 2 % Personalnachlass

T

Art der Ware	Güte der Ware	Menge der Ware
V		
Preis der Ware	Zweifel? Begriffe im Buch finden!!!	**Lieferzeit**
E		
Verpackungskosten	**Zahlungsbedingungen**	**Lieferbedingungen**
	N A B I K	I M O

85. Arbeitsauftrag:

Nachfolgend finden Sie einige Formulierungen und Fachbegriffe aus Angeboten.

a. Entscheiden Sie, zu welcher Kategorie der Angebotsinhalte die genannte Formulierung gehört (z. B. Zahlungsbedingung, Lieferbedingung, …).
b. Beurteilen Sie die jeweilige Vertragsbedingung aus Sicht des Käufers. Treffen Sie zunächst Ihre Entscheidung und begründen Sie diese anschließend.

> Dieser Lieferant bietet „frei ab Versandstation" an.

> Ich kenne nur „frei ab 13 Uhr"!

Die Formulierung „ab Werk" gehört zur Kategorie: _Lieferbedingungen_

Diese Vereinbarung ist für den Käufer grundsätzlich ☐ günstig oder ☒ ungünstig, weil …

der Käufer alle Kosten trägt versand

Die Formulierung „…Zahlungsziel von 30 Tagen …" gehört zur Kategorie: _Zahlungsbedingung_

Diese Vereinbarung ist für den Käufer grundsätzlich ☒ günstig oder ☐ ungünstig, weil …

Da er 30 Tage Zeit erhält um die Rechnung zu zahlen

> „5 % Rabatt bei Abnahme von 1.000 Stück."
> Da sollten wir nicht zögern. Im Einkauf liegt der Gewinn!

> Oh je, 1.000 Stück Tiefkühlpizza!!! Wie sag ich es ihm bloß?

BUCH-HALTUNG

Diese Formulierung gehört zur Kategorie: _Menge der Ware_

Diese Vereinbarung ist für den Käufer grundsätzlich ☒ günstig oder ☐ ungünstig, weil …

Der Preis wird geringer.

Was bedeutet „unfrei" ???

Ein mir sehr bekanntes Gefühl!

Diese Formulierung gehört zur Kategorie: _Lieferbedingungen_

Diese Vereinbarung ist für den Käufer grundsätzlich ☐ günstig oder ☒ ungünstig, weil …

_Ma_

Die Formulierung „… am 12. Juli fix …" gehört zur Kategorie: _Lieferzeit_

Diese Vereinbarung ist für den Käufer grundsätzlich ☒ günstig oder ☐ ungünstig, weil …

Da er noch genug Zeit hatt

Dieser Lieferant verlangt „Zahlung im Voraus".

Das würde ich mir für meinen Lohn auch wünschen.

Die Formulierung gehört zur Kategorie: _Zahlungsbedingungen_

Diese Vereinbarung ist für den Käufer grundsätzlich ☐ günstig oder ☒ ungünstig, weil …

Da die Ware noch nicht da ist.

Der Lieferant schreibt von einem **Bonus** . Da müssen Fachleute her!

Nett gemeint, Herr Kruse, aber …

Die Formulierung gehört zur Kategorie: _Bonus der Ware_

Diese Vereinbarung ist für den Käufer grundsätzlich ☒ günstig oder ☐ ungünstig, weil …

In manchen Angeboten fehlen wesentliche Angaben!

Null Problemo! Für einige Vertragsbestandteile hat der **Gesetzgeber mit Regelungen** vorgesorgt. Muss man natürlich kennen ...!

86. Arbeitsauftrag:

Herr Kruse vermisst in einigen Angeboten Angaben zu den unten genannten Vertragsbestandteilen. Unterstützen Sie ihn, indem Sie die dann geltenden gesetzlichen Regelungen des HGB ergänzen.

Fehlende Bestandteile der Angebote zu	Gesetzliche Regelung
Art und Güte der Ware	
Lieferzeit	Der Käufer kann die Lieferung sofort verlangen. Der Verkäufer dann muss liefern
Zahlungsbedingungen	Die Ware muss sofort bei Lieferung bezahlt werden
Lieferbedingungen	Der Käufer trägt alle Kosten ab der Versandstation

87. Arbeitsauftrag:

Mit der heutigen Post erhielt Herr Kruse zwei Angebote. Diese enthalten im Rahmen der Warenbeschreibung **Zeichen**, die weder Herr Kruse noch seine aufgeweckten Mitarbeiter genau zu deuten wissen.
Informieren Sie Herrn Kruse möglichst genau über die Bedeutung dieser Zeichen. Nutzen Sie hierfür Ihr Schulbuch oder eine Suchmaschine im Internet.

Gütesiegel

www.tuv.com
ID 1000000000

Angebot Espresso-Maschine:
Gütesiegel mit dem die Sicherheit von Produkten bestätigt wird.

Angebot Käse:
Gütezeichen für Lebensmittel. Es steht für umweltfreundliche und biogerechte Erzeugung

88. Arbeitsauftrag:

Getränkehändler Schluck liegt ein interessantes Angebot eines Bierlieferanten aus Berchtesgaden vor. Dieser bietet 30 Paletten à 40 Kästen Weißbier **„unfrei"** an, Herr Schluck will eine Lieferung **„frachtfrei"** aushandeln.

a. Bringen Sie die nachfolgend genannten Versandkosten der Lieferung zunächst in eine sinnvolle Reihenfolge (vom Lieferanten zum Kunden).
b. Markieren Sie mit unterschiedlichen Textmarkern jeweils für „unfrei" und „frachtfrei" die Kostenanteile des Lieferanten und des Herrn Schluck.
c. Berechnen Sie nun, wie sich die Versandkosten bei „unfrei" und „frachtfrei" auf die beiden Vertragspartner verteilen.

> 30 Paletten Bier transportiert man nicht mit der Sackkarre. Das verursacht Kosten und dieses Wort mag ich nicht!

> Meine Rede! Ich rechne das gerne für Sie durch! Vorher müsste ich allerdings einmal schnell telefonieren ...!

Verladekosten auf LKW in Köln 50,00 €

Fracht für Bahntransport München – Köln 450,00 €

Rollgeld bis Versandstation München 120,00 €

Rollgeld Köln – Bad Honnef 120,00 €

Verladung vom LKW in München 40,00 €

	Versandkosten					
Verkäufer	120,00 €	40,00 €	450,00	50,00	120,00	**Käufer**
	Rollgeld	Verladung	Fracht	Verladung	Rollgeld	
unfrei	120,00	660,00				
„frei Bahn-hof Köln"	610,00			170,00		

↑ **Kosten Lieferant**   ↑ **Kosten Schluck**

89. Arbeitsauftrag:

Suchen Sie im Internet mithilfe eines Kartenprogramms die Stationen (1) Berchtesgaden, (2) München, (3) Köln und (4) Bad Honnef und tragen Sie die Ziffern an der richtigen Stelle in die abgebildete Deutschlandkarte ein.

> Wunderbar! Erdkunde, wie ich sie liebe. Ergänzen Sie doch einmal die einzelnen Entfernungen in km!

Köln 3
Bad Honnef 4

München 2
Berchtesgaden 1

Berchtesgaden – München   ....

München – Köln   ....

Köln – Bad Honnef   ....

90. Arbeitsauftrag:

Überprüfen Sie, ob es sich bei dem verwendeten Begriff tatsächlich nur um eine veraltete Formulierung handelt. Informieren Sie im Zweifel die beteiligten Personen.

Im Angebot von Peter Pack steht, dass sie **„freibleibend"** anbieten.

Ach, die Packs formulieren oft ein bisschen altmodisch, mit **„Hochachtungsvoll"** und **„Ergebenst"** und so weiter. Das hat keine Bedeutung.

91. Arbeitsauftrag:

Begründen Sie für die nachfolgenden Fallsituationen, warum die Anbieter die jeweils genannten Freizeichnungsklauseln verwenden.

Eine E-Mail von **Brennstoffe Zündel & Partner**. Sie bieten uns für nächsten Monat Heizöl zu einem Literpreis von 0,80 €. In der Fußnote steht allerdings **„Preis freibleibend"**.

Ich habe eben mit dem Schreiner wegen der neuen Ladentheke telefoniert. Er sprach von **„Lieferzeit freibleibend"**. Mir ist das natürlich klar, aber erklären Sie es meiner Familie!

Ich habe heute ein Angebot für einen gebrauchten Gabelstapler von Ihnen erhalten. Es enthielt allerdings den Vermerk **„unverbindlich"**. Ich bin sehr interessiert und ...

Da kommt Waldemar, der Seher!

Orakel, kommen die Freizeichnungs-klauseln in der nächsten BWL-Klausur vor?

Hmmmmm, ich sehe keine Klauseln. Aber diese Aussage ist **„ohne Obligo"**!

Häääh - Ob... was???

92. Arbeitsauftrag:

a. Erläutern Sie, welches Problem sich in der nachfolgenden Situation für Herrn Schluck ergeben könnte.
b. Formulieren Sie einen Zusatz für die Angebotsschreiben, durch den diese Problemstellung gelöst wird.

Ich habe gerade günstig 100 Kästen spanischen Bio-Orangensaft als Sonderposten erstanden. Ralf, schreiben Sie Angebote an alle unsere Großkunden.

Mit Verlaub, Herr Schluck. Ich sehe da ein Problem mit der Angebotsbindung.

93. Arbeitsauftrag:

Showdown! Es steht zur Entscheidung an: Schluck gegen Köbes gegen Pack!

a. *Wenden Sie das Scoring-Verfahren (Nutzwert-Analyse) für die drei Anbieter der Energydrinks aus dem 83. Arbeitsauftrag an.*
   Tipp: *Zeigen Sie Teamfähigkeit und rotten Sie sich in Kleingruppen zusammen.*
b. *Vergleichen Sie Ihre Ergebnisse und bewerten Sie anschließend das Verfahren.*

Grundzüge des Scoring-Verfahrens:

1. Erstellen Sie eine Tabelle. In der linken Spalte vermerken Sie untereinander alle **Kriterien**, die zur Entscheidungsfindung herangezogen werden sollen. In der oberen Tabellenzeile notieren Sie die **Alternativen** *(hier: die Anbieter).*

2. Gewichten Sie die Bedeutung der ausgewählten Kriterien nach Ihrer persönlichen Einschätzung. Diese Gewichtung erfolgt durch jeweilige Zuteilung von Punktwerten. Insgesamt vergeben Sie 100 Punkte. Notieren Sie die Punkteverteilung.

	Pkt.	Anbieter 1 Note/Wert		...
Bezugspreis	50	2	100	...
Qualität	20	3	60	
...	...	...	...	
Gesamt	100		...	

3. Bewerten Sie nun, inwieweit die Alternativen (Anbieter) die Kriterien jeweils erfüllen. Vergeben Sie hierfür Noten von 1 bis 10 (10 = Bestnote).

4. Multiplizieren Sie anschließend den Punktwert des Kriteriums mit der Note der Alternative.

5. Addieren Sie nun die erreichten Punktwerte der Alternativen zu einem Gesamtpunktwert. Schon fertig!

94. Arbeitsauftrag:

Sie haben es ja selbst verfolgt: Der Kiosk soll sich am Sportfest beteiligen. Gesucht sind also ideenreiche Vorschläge! Und das Beste: Sie sind im Planungskomitee!

a. Sammeln Sie Ideen für Beiträge des Kiosks zum anstehenden Sportfest des Berufskollegs durch ein **Brainstorming. Tipp:** Arbeitsgruppen sind sinnvoll!
b. Stellen Sie Ihre Ideen vor und werben Sie für Ihre Vorschläge!

---

1. Ideenfindung
- Entspannte Atmosphäre
- Max. 15 Minuten
- Ausgefallene Gedanken erlaubt und gewünscht
- Keine Wertung oder Kritik
- Ideen weiterspinnen
- Gedanken/Ideen sofort festhalten

Brainstorming:
Lassen Sie es stürmen im Oberstübchen!

3. Ordnen der Ideen
- Ordnen der gesammelten Ideen z. B. nach sachlichen Kriterien, Dringlichkeit, Umsetzbarkeit, ...
- Übersichtliche Darstellung schaffen

2. Wertung der Ideen
- Überprüfen auf Umsetzbarkeit und Übereinstimmung mit gesetzten Zielen
- Streichen von doppelten, ähnlichen oder abgelehnten Beiträgen

Kreativer Schnickschnack! Wir sind ein erwerbswirtschaftlicher Betrieb und kein Wohlfahrtsverein! Ich habe nichts zu verschenken und will schwarze Zahlen sehen.

Wir sprechen eine Sprache, Verehrteste. Jetzt sind kaufmännisches Denken, rechnerische Fähigkeiten und Planungskompetenz gefragt. Ich glaube, ich kann Ihnen helfen.

Kurz darauf ...

Helden der Arbeit!
Endlich erfahren Ihre Kenntnisse und Fähigkeiten den Praxistest.
Ich erwarte konkrete Pläne, wie Sie Ihre Ideen in die Tat umsetzen wollen, und saubere Berechnungen, ob sich das Ganze auch lohnt.

Boah eih – Feste feiern ist okay! Aber feste arbeiten – das kommt ja gar nicht!

95. Arbeitsauftrag:

Ideen sind von unterschiedlicher Qualität und bleiben bei näherer Sichtung mitunter auf der Strecke.
Und selbst die beste Idee ist noch lange kein Programmbeitrag, sondern muss intensiv geplant werden.

a. Erarbeiten Sie – idealerweise in Gruppen – für eine Ihrer Ideen einen konkreten Vorschlag mit allen notwendigen Arbeitsschritten zur Umsetzung. **Tipp**: Mind-Maps sind vorzügliche „Gedankenfänger", das Internet ein schneller Lieferant für Informationen!
b. Frau Kruse fordert wirtschaftlichen Erfolg und will konkrete Zahlen sehen.
   Überprüfen Sie, ob Ihr Projekt diese Erwartungen erfüllen kann.
c. Stellen Sie Ihr Vorhaben den konkurrierenden Arbeitsgruppen vor und diskutieren Sie es auf Praxistauglichkeit. Nehmen Sie etwaige Anregungen auf und ergänzen Sie Ihren Beitrag entsprechend!

Was springt eigentlich für uns dabei 'raus?

Ähh, wie jetzt...?

Reggae, Samba – eine Combo muss her und Kruse zahlt!

Ein Wettbewerb: Miss Café Krümel – und als Preis ein Wochenende nach Paris!

Spanferkel!

Bungee-Springen und Rodeoreiten!

Auch das Kioskpersonal hat einige Ideen entwickelt. Interessant findet Hausmeister Kruse jedoch nur Waldemars Vorschlag, denn als Geschäftsmann sucht er immer und überall den finanziellen Vorteil für den Kiosk. Am Ende verlässt er sich auf sein kaufmännisches Fingerspitzengefühl und trifft eine einsame Entscheidung!

Mmh Orakels Vorschlag ist gar nicht so schlecht – nur eine Nummer zu groß. Aber Grillen kommt immer gut an. Geflügelwurst macht schnelle Beine und eine Kasse voller Scheine!

96. Arbeitsauftrag:

Ihre bisherige Vorarbeit hat sich gelohnt. Angesichts dieser Erfahrungen beruft Herr Kruse **Sie** in die Steuerungsgruppe „Würstchenbude Krümel".

a. Planen Sie die notwendigen Arbeitsschritte, damit am Tag des Sportfestes ausreichend Würste auf dem Grill liegen. Und da der „Chef" es anschaulich mag, bereiten Sie Ihren Vorschlag entsprechend auf.
b. Stellen Sie Ihren Plan zur Diskussion. Nehmen Sie etwaige Anregungen auf und vervollständigen Sie Ihr Planungskonzept.

Herr Kruse, bei den Würsten denken Sie ja an unsere internationale Kundschaft, nicht wahr?!

Alles klaro, keine Schweinereien! Mit Geflügel sind wir auf der sicheren Seite.

Antennen auf Empfang! Unsere **500 Gäste** trinken nicht nur, sie werden auch unseren Bratwurstgrill belagern. Ärmel hoch und an die Arbeit!

Kein Empfang!

Letzte Anweisung von ganz "oben"

97. Arbeitsauftrag:

Etwas zögerlich machen sich die Mitarbeiter des Schülerkiosks an die Arbeit.
Das geht bei Ihnen erfahrungsgemäß deutlich geschmeidiger.

Nutzen Sie die Vorteile interner Bezugsquellenermittlung und schreiben Sie dem **Lieferanten Metzgerei Haxe**, Waldstraße 23, 53433 Bonn eine entsprechende **Anfrage**. Nutzen Sie hierzu das Onlinematerial.

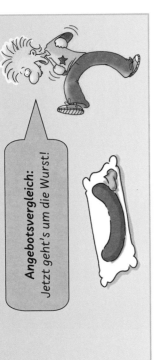

98. Arbeitsauftrag: Die Mitarbeiter haben ihre Arbeit erledigt, drei Angebote liegen vor.

a. Ermitteln Sie die Bezugspreise **aller** Anbieter für eine Einkaufsmenge von **500 Stück**.

b. Stellen Sie alle anderen Angebotsbedingungen für jeden Anbieter in der unteren Übersicht zusammen.

c. Entscheiden Sie sich abschließend für einen Lieferanten. Wenden Sie hierzu abermals das Scoring-Verfahren (Nutzwert-Analyse) an.

Angebotsvergleich:
Jetzt geht's um die Wurst!

Werner Haxe
Wertwaren aus Meisterhand

Werner Haxe – Waldstraße 23 – 53433 Bonn

Schülerkiosk „Café Krümel"
Auf dem Bildungsweg 43
53604 Bad Honnef

Telefon, Name
0228 453636

E-Mail
Haxe-Fleisch@clb.de

Bonn, xx.xx.xxxx

Angebot 22-Kr – Grillwurst Rustico

Sehr geehrter Herr Kruse,

wir bedanken uns für Ihre Anfrage vom … und glauben, Ihnen mit folgendem Artikel ein interessantes Angebot zu unterbreiten:

Grillwurst „Rustico"

Produktbeschreibung: arteigene, feine Wurstmasse (Brät), Hülle: Naturdarm
Zutaten: Hühnerfleisch (85 %), Putenspeck, Trinkwasser, jodiertes Speisesalz, hauseigene Gewürzmischung, Konservierungsstoff Natriumnitrat (E251),
Stückgewicht 100 g, Verpackungseinheit 5 Stück
Mindesthaltbarkeit: 60 Tage, Kühlhinweis: 0 °C – 7 °C (ideal bei 2 °C)
Der Preis pro Verpackungseinheit beträgt 4,00 € zzgl. 7 % MWSt.
Wir gewähren Ihnen auf diesen Artikel 5,0 % Treuerabatt.

Genießen Sie den gewohnten Lieferservice. Ab einem Warenwert von 100,00 € liefern wir die Ware frei Haus. Ansonsten berechnen wir eine Lieferpauschale von 15,00 €.
Die Lieferung erfolgt pünktlich 3 Tage nach Auftragseingang.

Die Zahlung des Kaufpreises erwarten wir 30 Tage nach Bestellung. Erfolgt Ihre Zahlung bei Auftragseingang, gewähren wir Ihnen einen Nachlass von 2 % des Auftragswertes.

Wir hoffen, dass Ihnen unser Angebot wieder einmal zusagt, und verbleiben

mit freundlichem Gruß

Werner Haxe
Werner Haxe

Sparkasse KölnBonn – IBAN: DE31 3705 0198 0788 3451 12
USt-IdNr.: DE343154187   Steuer-Nr.: 222/837 1/1195

Slavo Prohaska
für die feine Küche!

Feinkost Prohaska – Zum Schneckerl 1 – 53321 Bonn

Schülerkiosk „Café Krümel"
Herrn Kruse
Auf dem Bildungsweg 43
53604 Bad Honnef

Telefon, Name
0228 3131, Heising
Telefax
0228 3132
E-Mail
Feinkost-Prohaska@wäb.de
XX.XX.XXXX

Angebot 229, Kundennummer 222

Sehr geehrter Herr Kruse,

vielen Dank für Ihre Anfrage vom … .
Gerne machen wir Ihnen folgendes besonderes Angebot:

Grill-Bratwurst Sardico

feinstes Bio-Fleisch vom italienischen Sardico-Huhn, dem Ferrari unter dem Geflügel (Fütterung ausschließlich mit Bio-Hafer, -Mais und -Dinkel);
Bioland-Prüfzertifikat©
vollständiger Verzicht auf Geschmacksverstärker und Aromen,
exklusive mediterrane Gewürzmischung; Hülle Naturdarm

Packung mit 6 x 100 g; Verpackung aus biologisch-abbaubarer Folie;
Mindesthaltbarkeit 10 Tage

Der Preis der Packung beträgt 7,80 € exklusive MwSt.
Wir gewähren Ihnen 1% Kundenrabatt.

Gerne erinnern wir Sie an unseren Stammkunden-Bonus von 3% auf den erzielten Jahresumsatz.

Geben Sie uns Ihr Vertrauen, Ihr Gaumen wird es Ihnen danken.

Freundlicher Gruß

Heising
Heising

Bankverbindung
Bankhaus Penunse
IBAN: DE57 3865 1280 9994 1287 95
USt-IdNr. DE 482392947856 3

Fleischfabrik Pellheim
(vorm. Schwarte & Söhne)

Ohne Fleisch fehlt Dir was!

Fleischfabrik Pellheim, Fettgasse 1, 56068 Koblenz

Schülerkiosk „Café Krümel"
Herrn Kruse
Auf dem Bildungsweg 43
53604 Bad Honnef

Ihr Zeichen, Ihre Nachricht   Unser Zeichen, unsere nachricht   Telefon, Name   Datum
vom …20…   vom …20…   0261 101-25, Hr. Grob   …20…

Angebot GR-4827

Sehr geehrter Herr Kruse,

über Ihre Anfrage vom … haben wir uns gefreut. Wir bieten Ihnen freibleibend an:

Grillwurst „Bruzzi-Star"
Inhaltsstoffe: Putenrestfleisch (60 %), Fette, Speisesalz, Pork-Aromastoffe,
Konservierungsstoff E200 Sorbinsäure, Magnesiumcarbonat,
Hülle: Kunstdarm
Stückgewicht: 100 g, Verpackungseinheit: 100 Stück;
Mindestbestellmenge 600 Stück

Preis:	pro Verpackungseinheit:	70,00 €
Rabatt:	ab einem Warenwert von	300,00 € 3,0 %
		500,00 € 4,0 %

Die Lieferung erfolgt 5 Tage „fix" nach Auftragseingang.
Wir berechnen eine Versandpauschale von 2,0 % des Warennettowertes.
Die Rechnung ist zahlbar innerhalb von 20 Tagen nach Lieferung. Bei Zahlung innerhalb von 10 Tagen gewähren wir Ihnen einen Nachlass von 3 % des Rechnungsbetrages.
Ansonsten verweisen wir auf unsere Allgemeinen Geschäftsbedingungen.

Überzeugen Sie sich von unserer Erfahrung in Sachen Fleisch.

Mit freundlichen Grüßen

Gerd Grob
Grob

Geschäftsführer
Paul Pellheim
Bankverbindung
Raiffeisenbank Koblenz
IBAN: DE87 5748 2330 0826 9992 99
USt.-IdNr. DE 37196429

	Werner Haxe	%	Slavko Prohaska	%	Fleischfabrik Pellheim	%
Listeneinkaufspreis pro Stück	0,80 €		0,77 € / 1,30 €	1,30·500 = 1,30·400	0,70 €	70:100 = 0,7%
Listeneinkaufspreis der Menge	400,00 €		650,00 €		350,00 €	
− Liefererrabatt	20,-	5,0 %	650,-	1 %	10,50 €	3
= Zieleinkaufspreis	380,00 €		643,50		339,50	
− Liefererskonto	7,60 €	2 %			10,19 €	3
= Bareinkaufspreis	372,40 €		643,50 o		329,31 €	
+ Bezugskosten					6,7	2,0 %
= Bezugspreis der Menge	372,40 €		643,50		336,10 €	
Bezugspreis pro Stück	0,78 €		1,19 €		0,67 €	
Lieferbedingungen	Frei Haus es Muss waren- wert darunter 15,00€	gesetzlich: Abholung in Bonn beim Lieferanten			2 %: Wesen pauschale auf waren aktiviert	
Lieferzeit	3 Tage zzgl. 2 % Nachlass bei verka...	gesetzlich: sofortige Bereitstellung bzw. Abfassvorteilung			5 Tage nach Auffassatung "Fix"	
Zahlungsbedingungen	30 Tage zzgl. 2 % Nachlass bei Verkauf	gesetzlich: sofortige Zahlung bei Auftragsvergabe			20 Tage zzgl. 3 %: Skonto innerhalb von 10 Tage	
Qualität	In haltsstoffe = normal, konservierungsstoffe	Bio - Qualität, besonder Frisch - qualität, kein Geschmacks-verstärker bzw. -belastung bestätigt			schlechte Qualität, Argwa	
sonstige	bewährter Lieferant	abbrüchiw			mindest bestellmenge 600, sehr große verpachungslasten von 100 stück	

99. Arbeitsauftrag:

Die Würfel sind gefallen - die Entscheidung für das beste Angebot steht. Schreiben Sie unter dem Pseudonym "Rico Labutzke" die Bestellung des Kiosks.

100. Arbeitsauftrag:

Sportlehrer Grätsche möchte für sich und seine Sportlehrerkollegen Pizza im Schülerkiosk bestellen und verlangt hierzu vorab ein schriftliches Angebot. Der „Chef" delegiert die Arbeit an Rico, der erst seit wenigen Wochen im Kiosk mitarbeitet und noch reichlich unerfahren ist.

Überarbeiten Sie den nachfolgenden Entwurf und erstellen Sie ein angemessenes Angebot!

Aha – der Rico! Ich brauche für Sportlehrer Grätsche ein **Angebot** über Pizza!

Eiih Chef – gleich ist Feierabend und ich muss voll wäääg!

Schülerkiosk „Café Krümel"
Inh. Werner Kruse

<u>Kiosk „Café Krümel" – Auf dem Bildungsweg 43 - 53604 Bad Honnef</u>

Dieter Grätsche
Im Lehrerzimmer
oder in der Sporthalle

1. Versuch!

Ihr Zeichen, Ihre Nachricht vom	Unser Zeichen, Unsere Nachricht vom	Telefon, Name 02224 987789-0	Bad Honnef
	Ri	-12, Rico	xx.xx.xx

Angebot für Herrn Grätsche

Erstmal hallo!

Also der Herr Kruse sagt, dass Sie sich für unsere Pizza interessieren, weil Sie die Konferenz mit den anderen Sportlehrern haben. Wir haben verschiedene Sorten und der Preis ist super günstig. Das Pizzablech ist riesig und kostet bei Pizza „Klassik" – die hat die Nummer 34 – nur knapp 15 €, also genau 14,90 €. Da sind dann total viele Pilze drauf und auch krass Salami. Aber wir haben auch noch die Pizza „Diabolo" mit der Nummer 35. Die kostet sogar nur schlappe 13 €, also eigentlich 12,90 €. Die ist dann mit Paprika und Peperoni und echt voll scharf!

Wir bringen Ihnen die Pizza und Sie müssen für die Lieferung überhaupt nichts extra bezahlen. Und außerdem sind Sie ja bei uns Kunde und daher gibt's sogar noch 5 % extra. Gut und jetzt zum Bezahlen: also Sie müssen spätestens nach 30 Tagen die Pizza bezahlen. Wenn Sie aber schon früher bezahlen – also nicht länger warten als 14 Tage – ja dann kriegen Sie sogar noch mal 3 %. Krass was?

Wenn Sie noch was wissen wollen, rufen Sie mich an oder Sie können mir auch eine SMS schicken. Meine Handy-Nummer haben Sie ja (wegen Handy-Abnehmen in der letzten Sportstunde!).

Bis dann

Rico vom Schülerkiosk

Bimbes Bank – IBAN: DE45 3815 0000 0012 3219 87
UST-IdNr.: DE123654789 – Steuer-Nr.: 222/4321/1234

Orakel – du hast recht, es kommt noch schlimmer als erwartet!

101. Arbeitsauftrag:

Entscheiden Sie durch Ankreuzen, ob die folgenden Aussagen zu den genannten Inhalten von Kaufverträgen richtig oder falsch sind!

Wie wäre es mit einem vielleicht?

	Aussagen	richtig	falsch
1.	Als Zahlungsziel bezeichnet man die Frist, die der Lieferant dem Käufer für die Zahlung der Ware einräumt.	👍	👎
2.	Die gesetzliche Regelung zum Zeitpunkt der Zahlung lautet „30 Tage auf Ziel".	👍	👎
3.	Die Lieferbedingung „fix" bedeutet, dass der Lieferant so schnell liefern soll, wie es ihm möglich ist.	👍	✗
4.	„Skonto" ist ein Strafzins, der fällig wird, wenn die Zahlung 14 Tage nach Rechnungserhalt noch nicht geleistet wurde.	👍	👎
5.	Durch den Einsatz von Freizeichnungsklauseln hebt der Verkäufer seine Bindung an das Angebot ganz oder teilweise auf.	👍	👎
6.	Für den Verkäufer ist die Vereinbarung „ab Werk" vorteilhaft, da der Käufer dann alle Lieferkosten übernimmt.	👍	👎
7.	„Tara" war die Göttin der Schönheit in der griechischen Mythologie. Der Begriff wird deshalb heutzutage für eine besonders gelungene Verpackung verwendet.	👍	👎
8.	Bei der Lieferbedingung „Kauf auf Abruf" muss der Verkäufer besonders auf ausreichende Lagerbestände achten, da der Käufer ein Recht auf kurzfristige Teillieferungen hat.	👍	👎
9.	Als „Rollgeld" werden die Bestände an Münzgeld in der Kasse bezeichnet, die in Papier zusammengerollt werden.	👍	👎
10.	Gütezeichen erleichtern dem Käufer die Einschätzung der Beschaffenheit einer Ware, da dann i. d. R. bestimmte Qualitätsstandards erfüllt sein müssen.	👍	👎
11.	Die Vereinbarung „Zug-um-Zug" bedeutet, dass die Warenlieferung in mehreren Teillieferungen mit der Eisenbahn erfolgt.	👍	👎
12.	Der Begriff „frei Haus" wird verwendet, wenn die Unternehmensleitung ihre Mitarbeiter auf ein Getränk einlädt.	👍	👎
13.	Die Zahlungsbedingung „Vorkasse" ist für den Käufer mit dem Risiko verbunden, dass der Lieferant trotz geleisteter Zahlung nicht wie vereinbart liefert.	👍	👎

102. Arbeitsauftrag:

Natürlich führt der Schülerkiosk in seinem Sortiment auch Eiscreme. Neben dem bisherigen Lieferanten „Eisland" bietet neuerdings auch die Firma „Frostus" das kühle Vergnügen zu scheinbar verblüffend günstigen Preisen an. Klar, hier lohnt der Vergleich! Aber das ist anscheinend nicht so einfach. Einig ist man sich nur in der Bestellmenge – und die ist „von oben" vorgegeben: **200 Stück**.

Schlichten Sie den nachfolgenden Streit und ermitteln Sie den preisgünstigsten Lieferanten!

Ich bin für Frostus:

Lieferrabatt: 12 %   Skonto: 2 %

Bezugskosten: 5 %

Listeneinkaufspreis: 80 Cent!

Und ich bin für Eisland:

Listeneinkaufspreis: 0,85 €

Lieferrabatt: 20 %

Bezugskosten: 2 %

Skonto: 3 %

200 Stück „Copacabana"	%	Frostus	%	Eisland
Listenpreis pro Stück				
Listenpreis gesamt				
=				
=				
=				

Neulich in der Pause am Schülerkiosk ... :

103. Arbeitsauftrag:

Beschreiben Sie in Stichworten, welche Verpflichtungen für Rico und für Frau Kruse aus ihren jeweiligen Erklärungen entstehen.

Einige Minuten später ...

104. Arbeitsauftrag:

Formulieren Sie aus Sicht von Frau Kruse eine Antwort auf das Anliegen des Schülers.

Regeln bringen Sicherheit

In Deutschland besteht ein umfangreiches System von rechtlichen Vorgaben (z. B. Gesetze). Dieses räumt den Bürgern und Unternehmen Rechte ein, versieht sie aber auch mit Pflichten. Ein Teil dieser Rechte und Pflichten ist unveränderlich bzw. kann nur von staatlicher Seite verändert werden. Dies ist das öffentliche Recht. Im anderen Teil, dem sogenannten Privatrecht, werden den Bürgern und Unternehmen umfangreiche Möglichkeiten eingeräumt, **ihre Rechte** und **Pflichten** zu **gestalten** und zu **verändern** *(z. B. das Eigentumsrecht an einem Handy)*. Die Veränderung dieser rechtlichen Verhältnisse geschieht durch **Rechtsgeschäfte**.

Öffentliches Recht	Privatrecht

• Rechtsbeziehung zwischen Staat und Bürger
• „zwingendes Recht", z. B.:
  – Recht auf körperliche Unversehrtheit,
  – Pflicht zur Steuerzahlung
	• Rechtsbeziehung der Bürger untereinander
	• „nachgiebiges Recht", d.h., Partner können ihre rechtlichen Beziehungen gestalten, z. B. :
	  – **Verträge** (Kauf einer Nussecke, ...)

105. Arbeitsauftrag:

Lesen Sie zuerst den obigen Sachtext und vervollständigen Sie dann die nachfolgende Tabelle.
(Begriffe noch unklar? Nutzen Sie Ihr Schulbuch oder das Internet.)

Rechtsbereich	[a] Privatrecht [b] Öffentliches Recht	Rechtsbeziehungen gestaltbar? ja/nein
Bürgerliches Recht	[a] Privatrecht	Ja
Steuerrecht	[b] öffentliches Recht	Nein
Strafrecht	[b] öffentliches Recht	Nein
Handelsrecht	[a] Privatrecht	Ja

Rechtsgeschäfte *(z. B. Verträge)* kommen zustande durch sogenannte **Willenserklärungen** von Personen. Die Äußerung einer Person wird erst dann zu einer **Willenserklärung**, wenn sie hierdurch eine rechtliche Änderung herbeiführen möchte *(z. B. Vertragsabschluss)*. Willenserklärungen können abgegeben werden in **mündlicher** oder **schriftlicher Form**, aber auch schweigend durch **schlüssiges Handeln**.

Ich hätte gerne eine Cola!

Willenserklärung, da ein Rechtsgeschäft herbeigeführt werden soll.

Jetzt hätte ich gerne eine Cola!

Keine Willenserklärung, sondern lediglich Ausdruck eines Wunsches.

106. Arbeitsauftrag:

Beschreiben Sie zwei Situationen, in denen Sie selbst in Ihrer Vergangenheit Willenserklärungen abgegeben haben.

*Herr Grätsche, ich **will meine Sportnote verbessern** und habe eine Kür am Barren vorbereitet!*

Orakel, du hast wirklich den sechsten Sinn – oder einfach nur Glück: Der Barren ist kaputt!

Situation 1	Situation 2

107. Arbeitsauftrag:

Entscheiden Sie jeweils für die nachfolgend beschriebenen Situationen,
*a. ob es sich um eine **Willenserklärung** handelt (ja oder nein),*
*b. in welcher **Form** die Erklärung abgegeben wird*
   (mündlich, schriftlich oder durch schlüssiges Handeln).

Mmh – eine nette Trainingseinheit!

	Situation	Willens-erklärung	Form
1	Kruse faxt eine Bestellung über 20 Puddingteilchen an die Bäckerei Croissant.		
2	Ralf bei Unterrichtsende um 13:00 Uhr: „Ich will nur noch einschlafen!"		
3	Ralf steigt in den öffentlichen Bus, um nach Hause zu fahren.		
4	Frau Kruse sagt zu einer Schülerin: „Du kannst ab Montag im Verkauf für jeweils 2 Stunden anfangen!"		
5	Ein Schüler nimmt sich eine Cola aus dem Kühlschrank und stellt sie vor Frau Kruse auf den Verkaufstresen.		
6	Herr Klamm übergibt Herrn Kruse eine Bestellliste über 3 Kannen Kaffee und 30 belegte Brötchen für die Konferenz.		
7	Birgit ruft bei der Bäckerei Croissant an und bestellt die 30 Brötchen, damit Frau Kruse diese mit Käse und Wurst belegen kann.		
8	Kruses Sohn sieht die belegten Brötchen und denkt: „Die sehen aber lecker aus! Ich will auch so eins haben!"		

Zwei- oder mehrseitige Rechtsgeschäfte

Die meisten Rechtsgeschäfte kommen zwischen zwei oder mehreren Personen zustande. Dies sind **Verträge**. Voraussetzung hierfür sind **übereinstimmende Willenserklärungen** der Vertragspartner. Durch die Verträge verändern sich die Rechte und Pflichten der Beteiligten.

105

► Zustandekommen des Kaufvertrags

Der Kaufvertrag kommt durch **zwei übereinstimmende Willenserklärungen** zustande. Die Initiative kann sowohl vom Verkäufer als auch vom Käufer ausgehen. Dabei sind für das Zustandekommen des Kaufvertrags **zwei Möglichkeiten** denkbar.

---

108. Arbeitsauftrag:

a. Füllen Sie die Lücken mit den Fachbegriffen aus dem Wortkasten aus!
b. Ergänzen Sie die Satzanfänge zu vollständigen Aussagen!

Bestellung	Antrag	Annahme	Bestellung
Antrag	Auftragsbestätigung	Annahme	Angebot

Möglichkeit 1:

> Hat Ihnen mein Angebot für die Getränke zum Schulfest zugesagt, Herr Kruse?

> Ja, vielen Dank, Herr Schluck! Ich nehme Ihr Angebot an und bestelle!

1. Willenserklärung:	2. Willenserklärung:
....	....

Der Kaufvertrag kommt zustande, **wenn** ....

....

Möglichkeit 2:

> Ich bestelle 20 Kästen Cola, Lieferung spätestens morgen früh, Herr Schluck!

> Alles klar, Herr Kruse! Wir liefern noch heute Nachmittag!

1. Willenserklärung:	2. Willenserklärung:
....	....

Der Kaufvertrag kommt zustande, **wenn** ....

....

Verpflichtungs- und Erfüllungsgeschäft

Für den Verkäufer und den Käufer ergeben sich aus dem Kaufvertrag **Rechte** und **Pflichten**. Mit dem Vertragsabschluss (**Verpflichtungsgeschäft**), verpflichten sich beide, den Vertrag auch zu erfüllen (**Erfüllungsgeschäft**). Dabei entsprechen die Pflichten des Verkäufers den Rechten des Käufers und umgekehrt. Die Verpflichtungen aus dem Kaufvertrag und deren Erfüllung können zeitlich auch weit auseinander liegen.

109. Arbeitsauftrag:

Formulieren Sie für die beiden Vertragsparteien die jeweiligen Pflichten, die sich aus einem Kaufvertrag ergeben.

Ich kenne meine Pflichten!

Ich auch!

... und erst recht meine Rechte!

Pflichten des Verkäufers:

- ....
- ....

- ....

Pflichten des Käufers:

- ....

- ....

110. Arbeitsauftrag:

Ordnen Sie die passenden Aussagen aus dem Wortkasten der richtigen Spalte zu.

Bestellung   Eigentumsübertragung   fristgerechte Annahme der Ware   fristgerechte Bezahlung

ordnungsgemäße Lieferung   Auftragsbestätigung

Der Abschluss des Kaufvertrags erfolgt durch die ...	Die Erfüllung des Kaufvertrags erfolgt durch die ...
•	• ....
•	• ....
	• ....
	• ....

111. Arbeitsauftrag:

a. Erläutern Sie kurz den Begriff AGB und seine Bedeutung für den Käufer.
b. Beurteilen Sie die Einstellung von Hausmeister Kruse zu diesem Punkt.
c. Beschreiben Sie Beispiele, in denen Sie mit AGB in Berührung gekommen sind.

Bei dem Grillwurst-Angebot von Pellheim sind seitenweise AGB beigefügt. Soll ich die etwa alle lesen?

Fleischfabrik Pellheim
...

Angebot GR-4827...

... auf die AGB ...

AGB
...
1. sfsdk adjf djfa
2. adjj jkjf djak
3. ajfkjf si i sjdf
4. akfjjfölkjgvkj
5. jflköjsdfkjff
6. jökjkjfkjflkjff
7. krökjf

Papperlapapp!!! **AGB** steht für **A**llgemeines **B**labla. Für mich gilt, was im Angebot steht.

112. Arbeitsauftrag:

Beurteilen Sie folgende Fallsituationen mithilfe Ihres Schulbuches.

Der Händler hat mir mündlich 30 Tage Zahlungsziel zugesagt. Jetzt will er sein Geld sofort. So steht es leider auch in seinen AGB.

Vor 3 Monaten habe ich einen Vertrag im Fitness-Studio abgeschlossen. Wochen später weist mich der Inhaber darauf hin, dass ich laut AGB monatlich für 20,00 € Vitaminpräparate kaufen muss.

Der neue Kaffeeautomat ist der Total-Flop: 3 Monate im Dienst und nur noch Elektro-Schrott. Der Händler gibt laut AGB nur 6 Wochen Gewährleistung. Hat mein Göttergatte natürlich wieder überlesen.

Hier sind noch AGB zu lesen.

Mumpitz! Häkchen dran und ab die Post. AGB müssen schriftlich vorgelegt werden, um gültig zu sein.

113. Arbeitsauftrag:

Herr Pils, der verdiente Mitarbeiter von Herrn Schluck, schlägt vor, für den Getränkehandel eigene AGB zu formulieren und zu verwenden. Überzeugen Sie an seiner Stelle Herrn Schluck von diesem Vorhaben.

Eine wunderbare Sache, nicht wahr Herr Praktikant?

Es ging doch bisher auch ohne AGB ganz gut.

114. Arbeitsauftrag:

Die Warenlieferung ist anders verlaufen als gewünscht! Und weil Ralf die Waren angenommen hat, wird er jetzt in die Verantwortung genommen. Er sieht sich im Unrecht!

a. Diskutieren Sie den vorliegenden Fall mit Ihren Mitschülern und bilden Sie sich eine Meinung.
b. Für eine sichere Entscheidung benötigen Sie Fachkenntnisse. Erarbeiten Sie sich diese in den nachfolgenden Arbeitsaufträgen.

Neee – das glaub ich jetzt nicht!

115. Arbeitsauftrag:

Um den Kaufvertrag zu erfüllen, muss der Verkäufer seine Ware in einwandfreiem Zustand liefern. Dabei kann es zu Fehlern kommen. Das Bürgerliche Gesetzbuch unterscheidet zwischen **Sachmängeln** und **Rechtsmängeln**. Zudem kann es sehr unterschiedlich sein, wie die vorliegenden **Mängel erkannt** werden.

Nachfolgend finden Sie eine Übersicht zu den verschiedenen Mängelarten und den Formen ihrer Erkennbarkeit. Ordnen Sie die Fallbeispiele zu, indem Sie die jeweilige Fallnummer eintragen.

Mängelarten		**Mängel nach ihrer Erkennbarkeit**

Sachmängel §434 BGB	**Rechtsmängel** §434 BGB	

Mangel durch fehlerhafte Ware
Fall-Nr.: ~~4~~ 5

Rechtsmängel
Fall-Nr.: 6

Offener Mangel
Fall-Nr.: 4, 1, 2

Mangel durch falsche Werbeversprechen oder durch falsche Kennzeichnung
Fall-Nr.: 3, 4, 9

Montagefehler oder mangelhafte Montageanleitung
Fall-Nr.: 2

Versteckter Mangel
Fall-Nr.: 8, 4, 3, 7

Falschlieferung (Mangel in der Art)
Fall-Nr.: 1 ~~4~~

arglistig verschwiegener Mangel
Fall-Nr.: 9, 5, 6

Mangel in der Menge
Fall-Nr.: 7

Fall 1
Ich gebe Ihnen mal ein Beispiel, also: Angenommen, ich habe mir einen neuen Staubsauger gekauft. Den „Vampirus 1000" habe ich bestellt, aber als ich den Karton öffne, finde ich darin den „Fakir XL".

Klarer Fall: Die haben Sie übers Ohr gehauen!

Fall 2
Der Schreiner hat in der Kioskküche eine neue Arbeitsplatte montiert. Und was sage ich: Danach ging die Herdklappe nicht mehr auf!

Fall 3
Auf der Verpackung steht, dass das neue „Dixomat Forte"
hundertprozentig jeden Fleck beseitigt! Die Tischdecken des Kiosks sind
nach der Wäsche noch immer schmutzig: Härtetest nicht bestanden!

Fall 4
Von wegen Güteklasse I – die Fertigpommes
sind klein und haben lauter schwarze Stellen!

Fall 5
Barrenturnen härtet den Schülerkörper: In der Mitte des Barrens in den Stütz
gehen, Vorschwung, Rückschwung, Grätschsitz, Beine einschwingen, Rückschwung
und Hockwende als Abgang!
Als Sportlehrer lege ich auf gutes Sportgerät besonderen Wert. Bei unserem
Lieferanten bestellte unsere Schule Mehrzweckbarren mit extra stabilen Stahlkernen
in den Holmen! Aber, als der Waldemar aus der neuen Unterstufe letzte Stunde zur
Hockwende ansetzte, passierte es: Ein Knall und weg waren Waldemar und der Holm.
Von wegen Stahlkern – einfaches Holz!

Fall 6
Ich habe mir von Gonzo einen MP-3-Player gekauft. Plötzlich kommt
seine Cousine und zieht mir das Teil wieder ab. Der Player gehört ihr –
davon hat Gonzo natürlich nichts erzählt!

Fall 7
45 belegte Brötchen hatte ich für die heutige Lehrerkonferenz
in Kruses Kiosk bestellt. Und was macht der? Er liefert 25!

Fall 8
Hier der neue Monitor: korrekt angeschlossen.
Und was siehst du? Niente, nothing at all, rein gar nichts:
kein Bit, kein Byte – kein Bild!

Fall 9
Ich habe mir im Sportgeschäft ein neues Fahrrad
mit einer 21-Gang-Kniescheibenschaltung in
Alu-Leicht-Ausführung bestellt. Heute wurde das Gerät
geliefert: mit Trommelbremse und robustem Stahlrahmen!

116. Arbeitsauftrag:

Die Rechte des Käufers bei
....

Welche Rechte ein Käufer im Fall der Schlechtleistung nutzen kann, ist in der gesetzlichen Sachmängelhaftung des BGB geregelt. Der Gesetzgeber hat dabei klare Vorgaben gemacht, aber auch Wahlmöglichkeiten eingeräumt.

Ergänzen Sie das nachfolgende Schaubild um die fehlenden Begriffe, die Sie unterhalb – leider völlig unsortiert – finden!

Der Käufer hat .... **das Recht auf** ....

⬇ **und kann** .... **zwischen** ⬇

| **Nachbesserung, d. h. der** .... | ...., **d. h. es wird eine mangelfreie Sache geliefert** |

Fall: .... ⬇   **Beachten Sie:**   ⬇ **Fall:** ....

- **Der Verkäufer kann beides verweigern, wenn hohe Kosten anfallen!**
- **Nach** .... **Nachbesserungen gilt die Nacherfüllung als fehlgeschlagen!**
- **Als fehlgeschlagen gilt sie auch, wenn keine oder eine** .... **erfolgt!**

⬇

Wenn auch der zweite Versuch zur .... **fehlgeschlagen ist und der Verkäufer eine** .... **zur Nacherfüllung nicht eingehalten hat, kann der Käufer** .... **weitere Rechte geltend machen!**

⬇   ⬇   ⬇

| .... **des Kaufpreises = Preisnachlass** | .... **vom Kaufvertrag** | **Rücktritt vom Kaufvertrag und** .... **statt der Leistung** |

Fall: ....   **Fall:** ....   **Fall:** ....

Mangel wird beseitigt	wählen	zwei erfolglosen
nachrangig	Nacherfüllung	vorrangig
unverhältnismäßig	Minderung	Schlechtleistung
Rücktritt	Schadensersatz	Ersatzlieferung
Nachbesserung	mangelhafte Ersatzlieferung	angemessene Frist

117. Arbeitsauftrag:

Die Wahlmöglichkeiten in Fällen der Schlechtleistung ermöglichen es dem Käufer, Entscheidungen zugunsten seiner Interessen zu treffen. Nachfolgend finden Sie unglaubliche „schlechte Leistungen" der Lieferer. Doch welche Reaktion des Schülerkiosks ist jeweils angemessen und vorteilhaft?
Treffen Sie die Wahl!

Ordnen Sie die Fälle dem Schaubild „Schlechtleistung" in Arbeitsauftrag Nr. 116 zu, indem Sie die jeweilige Fallnummer eintragen!

Fall 1
Gerade hat mein Mann den neuen Kühlschrank aus der Transport-verpackung genommen. Und was sehe ich: Da ist eine dicke Beule auf der Türe! Wie sieht das denn aus! Keine Experimente — ich will …

Fall 2
Gestern Nachmittag hat der Tischler in der Küchenzeile des Kiosks eine neue Abdeckplatte montiert. Und heute Morgen ließ sich die Herdtüre nicht mehr öffnen, unglaublich!

Fall 3
Bereits zum dritten Mal hat die Firma „Cool-Kit" das bestellte Eiskonfekt falsch geliefert. Das ist ärgerlich! Doch da kommt heute wie gerufen das neue Angebot der Firma Eisland: Eiskonfekt in allen Variationen und zu einem deutlich günstigeren Preis. Da habe ich doch gleich eine „coole" Idee …

Fall 4
Von den Kruses können Sie wirklich etwas lernen! Also: Auch der neue Hängeschrank in der Küche machte Ärger. Frau Kruse entdeckte bei der „Endabnahme" einen kleinen Kratzer an der Seite des Schranks. Prompt hat sie den Tischler angerufen und ihm einen Vorschlag unterbreitet …

Fall 5
Die neue Abdeckplatte in der Kioskküche, die der Tischler montiert und auch schon nachgebessert hat, ist nach vorne gerutscht. Mein Vater erkannte sofort: Die verwendeten Befestigungsschrauben waren zu kurz. Meine Mutter ist stocksauer! Nicht nur, dass sie an der Hüfte einen blauen Fleck hat, auf der Abdeckplatte stand auch noch „Genoveva", unsere neue Trinkglaskollektion. Laut Kassenbon im Wert von 168,00 € – alles in Scherben …

118. Arbeitsauftrag:

Frisch vom Lehrgang zurück verfügen Sie nun über die notwendigen Fachkenntnisse.

Entwickeln Sie eine mögliche Strategie, damit der Kiosk seinen Kunden zum Grillfest die bestellten Würstchen anbieten kann.

119. Arbeitsauftrag:

Stellt der Käufer bei der Warensendung Mängel fest, so muss er diese dem Lieferer in einer sog. Mängelrüge zukommen lassen. Hierfür gibt es keine Formvorschriften.

Da Ralf keine Zeit verlieren möchte, ruft er sofort bei Metzger Haxe an. Verfolgen Sie das nachfolgende Telefonat. Wie beurteilen Sie sein Vorgehen?

Hallo – hier ist Ralf vom Café Krümel! Herr Haxe?

Herr Haxe? Ich kann Sie nicht … die Leitung ist so schlecht! Wo sind Sie gerade?

… ach, auf dem Großmarkt! Das ist so laut – im Hintergrund!

Das ist so laut bei Ihnen! Und mit der Wurst – das geht so nicht! In fünf von zehn Paketen waren … Was? Ich bin nicht sauer! Nein, bin ich nicht – überhaupt niiicht! **Hallo? Hier ist Ralf …**

Also wir haben ein Problem mit Ihren Würstchen! Waass? Hier ist Ralf vom Schülerkiosk! Also mit Ihren Würstchen, die sind falsch!

Neee – die Würstchen sind falsch! Hören Sie? In fünf von zehn Paketen waren Schweinewürstchen statt Geflügel! In fünf!

Nöööh – ich bin nicht schlecht gelaunt! Aber wir brauchen Geflügwürste und nicht Schweinewürste! Was? Nein: keine Schweinewurst! Wann? Die wurden vorhin geliefert!

Wieso Schweinerei – hab ich doch gar nicht gesagt! Nääääh, die Würste sind aus Schwein – sollen sie aber nicht!

Was? Schweinewürstchen statt Geflügel – ja und das geht nicht! Wie? Das ist so laut bei Ihnen!

120. Arbeitsauftrag:

Das Telefonat mit Metzger Haxe hat Ralf schwer traumatisiert. Spontanes Telefonieren hat offenkundig seine Tücken.

a. *Bereiten Sie sich entsprechend den unten genannten Informationen sorgfältig auf das Telefonat vor.*
b. *Führen Sie anstelle von Ralf das Telefonat.*
   - *Ein Schüler übernimmt die Rolle von Ralf und ein anderer die Rolle von Herrn Haxe oder einem Mitarbeiter.*
   - *Falls kein Telefon zu Verfügung steht, setzen Sie sich Rücken an Rücken.*
   - *Werten Sie das Telefonat (Inhalte, Telefonverhalten) nach seiner Beendigung mit der Lerngruppe aus.*

> Grüß dich – der Ralle hier.

> ... wir seh'n uns – Tschüssikowski!

„Telefonieren" oder „mal anrufen"

Das Führen von geschäftlichen Telefonaten unterscheidet sich deutlich von privaten Anrufen. Deshalb sollten Sie sich auf solche Gespräche vorbereiten und auch während des Telefonats verstärkt auf Ihr Verhalten achten.

Vor dem Telefonat:

- Festlegung Ihres Gesprächsziels
- Sammlung notwendiger Informationen, Daten und Argumente
- Bereitstellung notwendiger Unterlagen
- Vorbereitung auf mögliche Rückfragen und Gegenargumente
- Vermeidung von äußeren Störungen und Ablenkungen
- Stift, Papier, evtl. Kalender

Während des Telefonats:

- Freundliche Begrüßung/Vorstellung
- Persönliche Anrede des Gesprächspartners
- Klare Darstellung des Anliegens
- Verständliche und vollständige Aussprache
- Freundliche Verabschiedung

---

121. Arbeitsauftrag:

Die Metzgerei Haxe hat sich auch nach Tagen noch nicht gemeldet. Jetzt muss eine neue Strategie her!

a. *Begründen Sie, warum Mängelrügen meist nicht telefonisch, sondern schriftlich erteilt werden.*
b. *Beschreiben Sie Situationen, in denen Sie für die Mängelrüge die Schriftform, und solche, in denen Sie die telefonische Form wählen würden?*

> Im Zweifelsfalle: immer schwarz auf weiß!

122. Arbeitsauftrag:

Andere machen Fehler und ich habe die Arbeit am Hals.

Für das weitere Vorgehen gegenüber Metzgerei Haxe hat Herr Kruse Ralf gebeten, die Mängelrüge schriftlich zu formulieren.

Schreiben Sie unter den gegebenen Bedingungen eine Mängelrüge an die Metzgerei Haxe.

Anfertigung eines Reklamationsschreibens

Sie wissen das wahrscheinlich schon: Beim Schriftverkehr gilt, dass sich Geschäftsbriefe deutlich von privater Korrespondenz unterscheiden. Deshalb an dieser Stelle einige Hinweise zum Aufbau eines Reklamationsschreibens:

- **Betreff:**
  Nennen Sie z. B. die *Auftrags-, Vertrags- oder Lieferschein-Nummer sowie Auftrags-, Kauf- oder Lieferdatum.*

- **Brieftext:**
  o Informieren Sie sich zunächst, um welchen **Geschäftsfall** es sich handelt, wie z. B. *Datum und Nr. des Auftrags, Artikel-Nr. und Warenbezeichnung, Lieferdatum, Lieferschein-Nummer ...*

  o Beschreiben Sie anschließend das **Problem**:
  Genaue Beschreibung des Mangels; evtl. auf fristgerechte Warenprüfung hinweisen.

  o Darstellung Ihrer **Erwartungen** bzw. **Forderungen**:
  Rechte aus der Schlechtleistung, evtl. Fristsetzung.

  o Formulieren Sie einen **Schlusssatz**:
  Formulierung der Situation angemessen: versöhnlich, nachdrücklich, ...

Grundsätzlich:
- Bilden Sie Absätze.
- Bilden Sie kurze Sätze.
- Formulieren Sie sachlich und knapp.

Okay, das könnte helfen.

... Ihre Lieferung ... erhalten.

Die Nacherfüllung ist bis ...

Wir erwarten Ihre ...

Am ... haben Sie ...

Wir bitten Sie darum, ...

... Neulieferung ...

Folgende Mängel sind ...

Sicherlich handelt es sich ...

Leider mussten wir feststellen ...

Wir gehen davon aus ...

... setzen wir Ihnen eine Frist ...

... weiterhin gute Geschäftsbeziehung ...

... die Mängel zu beheben ...

Sportlehrer Grätsche trainiert seine Schüler für das anstehende Sportfest. Um die Motivation zu steigern, möchte er einen Kasten eisgekühlte Perla bestellen. Denn es ist Sommer und heiß …

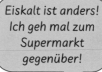

Einen Kasten Orangen-Perla für meine Leistungssportler – aber eisgekühlt bitte!

Tja mit eisgekühlt ist das so eine Sache. Unser Kühlschrank ist defekt und der neue, wie soll ich sagen, ist noch nicht geliefert.

Eiskalt ist anders! Ich geh mal zum Supermarkt gegenüber!

Oha!!! Kalt ist sowieso ungesund!

Hausmeister Kruse handelt. Umgehend ruft er bei Elektro-Blitz an, wo er den Kühlschrank bestellt hatte. Und haut gleich anständig auf den Putz …

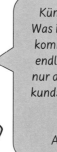

Hausmeister Kruse – Chef vom Schülerkiosk hier … mein Kühlschrank … ist immer noch nicht da! … sollte doch letzten Freitag geliefert werden … heute ist schon Mittwoch … Vergessen, wie jetzt? … Aha … sie kümmern sich darum… na geht doch!

Kümmern sich drum!? Was ist denn jetzt? Wann kommt der Kühlschrank endlich? Uns läuft nicht nur die Sauf… – äh Laufkundschaft scharenweise weg!

Also ich würde …

Und sogleich bekommt unser Hausmeister zahlreiche „gute" Ratschläge!

Anzeigen und verklagen – die Strolche! Und anständig Schadenersatz dazu!!!

Kühlschränke gibt es wie Sand am Meer – einfach woanders kaufen und gut ist!

Halt, die Sache ist etwas komplizierter. Offensichtlich werden hier Pflichten aus dem Kaufvertrag verletzt …

Und da kommen Sie ins Spiel!

123. Arbeitsauftrag:

Bisher haben Sie die Geschehnisse ja sehr angenehm aus der Ferne beobachtet. Aber sicher haben auch Sie eine Meinung – zumindest so eine Art Bauchgefühl.

Also los, unterbreiten Sie Hausmeister Kruse einen Vorschlag, wie er sich gegenüber dem Lieferer verhalten sollte.

124. Arbeitsauftrag:

*Füllen Sie – oder Ihre Arbeitsgruppe – die nachfolgende Übersicht zum Thema **Nicht-rechtzeitig-Lieferung** mit Leben. Recherchieren Sie die **Voraussetzungen und Rechte des Lieferungsverzuges** beispielsweise in einem Lehrbuch. Setzen Sie anschließend die **Suchbegriffe** passend ein. Achtung: Manche Wörter sind mehrfach zu gebrauchen!*

Schluss mit dem Bauchgefühl: knallharter Faktencheck!

Suchbegriffe: Rücktritt; Mahnung; Kaufvertrag; ablehnen; fahrlässig; kalendermäßig; Zweckkauf; Höhere Gewalt; Schadenersatz; Mit; Selbstinverzugsetzung; Ohne; Fälligkeit; Nachfrist; Lieferung; vorsätzlich; Lieferung; vergeblicher Aufwendungen; Verschulden; nicht

Die Voraussetzungen des Lieferungsverzuges

1.	2.	3. ....
Der Lieferer hat seine im .... vereinbarte Leistung (hier: ....) nicht rechtzeitig erbracht.	In der Mahnung weist der Käufer den Lieferer nochmals auf die Fälligkeit der Lieferung hin. Sie ist in folgenden Fällen .... erforderlich: • .... wenn der Liefertermin .... genau fixiert ist • bei .... • bei einem sog.	Der Lieferer hat .... gehandelt. oder .... entlastet .... den Lieferer vom Lieferungsverzug.

Café KRÜMEL

Die Rechte des Käufers

Setzen einer	Setzen einer ....
• Die .... verlangen oder • die Lieferung und .... verlangen	• Die Lieferung ablehnen und .... vom Kaufvertrag oder • Die Lieferung .... und Rücktritt vom Kaufvertrag und .... an Stelle der Leistung oder • Ersatz ....

Am nächsten Tag stellt Ilse Kruse ihren Mann zur Rede. Sie möchte erfahren, wie die Sache mit dem Kühlschrank weitergehen soll – hatte Sie Herrn Kruse doch angeboten, mal ganz persönlich mit Manfred „Manni" Blitz zu sprechen.

Und wie gedenkt der oberste Chef des Schülerkiosks in der Affäre Kühlschrank nun vorzugehen? Übernächste Woche ist das Sommerfest: Klimawandel – 30 Grad!

Höre ich da etwa einen vorwurfsvollen Unterton? Bin informiert, die Strategie steht! Keine Kompromisse – null Toleranz! Elektro-Blitz ist fällig!*

Warme Perla wird bestimmt der Renner. Hihi – Tschuldigung! Vielleicht mit Rabatt. Obwohl näh, ich sehe da kaum Chancen! Also wohin jetzt mit dem Zeugs?

* Nebenbei sei angemerkt, dass das kompromisslose Auftreten von Herrn Kruse natürlich einen Hintergrund hat. „Manni" Blitz hatte ihm in der Jugend eine „Braut" ausgespannt und am vergangenen Wochenende auf der Kirmes seiner Ilse schöne Augen gemacht! Bleibt aber unter uns!

125. Arbeitsauftrag:

Jetzt gilt es Entscheidungen zu treffen!

Na endlich, Herr Kruse hat eine Strategie.
Und Sie – gestählt im Faktencheck? Ist Elektro-Blitz auch bei Ihnen fällig?

a. Führen Sie aus, ob die **Voraussetzungen** für den Lieferungsverzug bestehen.
b. Welche **Rechte** sollte Herr Kruse gegenüber dem Lieferer in Anspruch nehmen?
c. Stellen Sie Ihre Strategie im Klassenplenum vor und vergleichen Sie diese mit möglicherweise anderen Vorschlägen.

126. Arbeitsauftrag:

Meine Devise: gnadenlos dagegenhalten!

Wieder Ärger – aber jetzt kennen Sie sich ja aus.
Klären Sie jeweils, ob die **Voraussetzungen** für den Lieferungsverzug vorliegen und welche **Rechte** daraus jeweils abgeleitet werden können.

Fall 1: Zum Sommerfest am vergangen Sonntag hatte Frau Kruse 40 kleine Blumengestecke für die Tische bestellt. Blumenhaus Depp sollte diese anfertigen und am Samstag gegen neun Uhr anliefern. Frau Kruse hatte eigens 40 kleine Vasen mit dem Schriftzug „Sommerfest 20xx" zum Stückpreis von vier Euro anfertigen lassen. Leider wurden die Blumen nicht geliefert und die Vasen blieben leer.

Fall 2: Zum Sommerfest sollte es wie angekündigt selbstgemachten Erdbeerkuchen geben. Die Erdbeeren hatte Frau Kruse bei Feinkost Prohaska zum festen Liefertermin am 18. Juni 20xx bestellt. Die Früchte kamen nicht und so musste Herr Kruse diese in seiner Not leider zu einem deutlich höheren Preis bei einem anderen Lieferanten kaufen. Und dann steht Prohaska am Montag mit den Erdbeeren vor der Tür.

Fall 3: Bäcker Croissant sollte die Sahne für den Kuchen liefern. Wegen eines Blitzeinschlages in seiner Backstube konnte er dies zu seinem großen Bedauern nicht erfüllen.

127. Arbeitsauftrag:

*Schließen Sie die **Lücken** und bearbeiten Sie das **Rätsel**!*
Tipp: *Setzen Sie gegebenenfalls: ä = ae / ö = oe / ü = ue*

> Du, Orakel – ich habe da mal einige Fragen!

Waage-recht	
2	Geldschulden sind: ....
4	Bestandteil der Bedarfsermittlung ist: ....
5	Mängel werden festgehalten in: ....
12	Recht des Käufers bei Schlechtleistung: ....
13	Zahlungsbedingung: ....
15	Plural von Bonus: ....
16	Mengeneinheit: ....
18	Preisnachlass: ....
19	Notwendige Angabe in der Bestellung: ....
20	Beispiel zur externen Bezugsquellenermittlung: ....
21	Inhalt des Angebots: ....
Senkrecht	
1	Mangel in der Art: ....
3	Recht des Käufers aus der Mängelrüge: ....
6	Freizeichnungsklausel: ....
7	Hilfe zur Prüfung der Warengüte: ....
8	Warenschulden sind: ....
9	Willenserklärung des Käufers: ....
10	Mangel in der Menge = Mangel in der: ....
11	Beförderungsbedingung: ....
14	Schriftform in der Anfrage: ....
17	Erkennbarkeit eines Mangels: ....
22	Nachlass für frühzeitige Zahlung: ....

Lesen Sie die roten Kästchen von oben nach unten und Sie erfahren, was Orakel schon wusste, obwohl es eigentlich überraschend kommen sollte:

Endlich! Nach den langen Vorbereitungen ist „Perla" endlich geliefert worden und findet im Kiosk reißenden Absatz:

Doch schon zum Ende der 1. Pause herrscht Tumult am Kiosk …

Von wegen „Perla" – da perlt gar nix! Da ist überhaupt keine Kohlensäure drin!

Hm, was? Wir vertreiben hier nur geprüfte Spitzenqualität!

Die schmeckt total laff, das geht ja gar nicht – no go! Ich will mein Geld zurück.

Leider bestätigt sich bei der anschließenden Überprüfung der Ware, dass in ca. jeder 3. Flasche der Lieferung die Kohlensäure fehlt.

Quelle blamage! Du hast doch die Ware angenommen. Wie konnte das passieren?

… es war gerade so hektisch und die Ware sah einwandfrei aus. Und dann war der Fahrer auch schon wieder weg!

Das bringst du in Ordnung, aber hurtig! Wir haben einen Ruf zu verlieren.

Ompf! Was kann ich eigentlich dafür, wenn …

Boah eeih!

128. Arbeitsauftrag:

Bei „Perla" ist ganz offensichtlich die Luft 'raus! Da Rico den Lieferschein unterschrieben hat, sieht Hausmeister Kruse ihn jetzt in der Pflicht.

Planen Sie notwendige Handlungsschritte und nehmen Sie entsprechend mit dem Lieferer Kontakt auf, damit der Kiosk seinen Kunden möglichst bald einwandfreie „Perla" anbieten kann.

Oha, das gibt doch wieder Ärger!
Polternder Lärm, ein Schrei und lautstarkes Fluchen dringen aus dem Lagerraum des Schülerkiosks. Wenig später humpelt Frau Kruse in die Kioskküche:

129. Arbeitsauftrag:

Herr Kruse hatte es mit dem Schnäppchenkauf im Großmarkt doch nur gut gemeint. „Studentenfutter" mit 20 % Preisnachlass bei Abnahme von Kartonware zu jeweils 100 Einheiten. Zack — waren zehn Kartons im Einkaufswagen und eine saftige Ersparnis eingefahren. Doch gleich hagelt es wieder Kritik! Dabei ist Lagerhaltung im Handel doch eigentlich ganz normal — oder etwa nicht?

a. Stellen Sie die grundsätzlichen Vor- und Nachteile der Lagerhaltung gegenüber.
Veranschaulichen Sie dies durch Beispiele aus dem Kioskalltag.
b. Die anwesenden Herrschaften kommentieren die spontane Kaufentscheidung des Hausmeisters.
Und Sie? Wie beurteilen Sie eigentlich diesen Schnäppchenkauf?

130. Arbeitsauftrag:

Der Schlamassel hört einfach nicht auf. Jetzt kommt Birgit ihm auch noch mit Lagerkennziffern! Und zum Beweis hält man ihm die Lagerkarte für den Artikel „Studentenfutter" unter die Nase. Also wirklich — jetzt helfen Sie doch mal!

a. Erläutern Sie im Rückgriff auf die Lagerkarte „Studentenfutter" in eigenen Worten die Begriffe Lagerkennziffern **Höchst-, Melde- und Mindestbestand**.

b. Mandy und Ralf sollen den Meldebestand für das Studentenfutter berechnen. Aber irgendwie klemmt da was.

> Erfahrungsgemäß werden am Tag zehn Tüten Studentenfutter verkauft.

> Schleckerland braucht für die Lieferung drei Tage. Bei Engpässen aber auch mal fünf Tage!

Lagerkarte					
Warengruppe	Nr. 4: Snacks				
Artikelnummer	427				
Artikel-bezeichnung	Studentenfutter Nuss-Mischung mit getrockneten Rosinen Hersteller: Firma Campus, 100 g Tüte	**Höchstbestand**		200	
		Meldebestand		....	
		Mindestbestand		60	
Lieferant	Süßwarenhandlung Schleckerhand, Bonn				
Datum	**Beleg**	**Vorgang**	**Warenbewegung**		**aktueller Bestand**
			Zugang	**Abgang**	
01.01.20...	Inventar	laut Inventar			80
08.01.20...	2017-1	Warenent-nahme Verkauf		20	60
11.01.20...	Eingangsliefer-schein 292-1	Lieferung Schleckerhand	140		200
13.01.20...	2017-2	Warenent-nahme Verkauf		60	140

Meldebestand = (Tagesabsatz x Lieferzeit) + Mindestbestand

Frau Kruse hat ja nicht ganz unrecht, wenn sie in der ungezügelten Kauflaune ihres Gatten eine unbotmäßige Kapitalbindung sieht! Folgendes Tafelbild soll …

8.23 Uhr: 1. Stunde am Berufskolleg bei Lehrer Klamm

Also – das Geld in Studentenfutter anzulegen, bedeutet in der Zeit der Lagerung Kapitalbindung und damit den Verlust von Zinsen!

Wenn ich da mal …

Genau, mein Tafelbild wird …

Nicht nur das! Ware zu lagern, bedeutet auch **Risiken** einzugehen …

Aaah! Feuerinferno! Plünderung bei Aufständen der Schüler!

Hoffentlich versichert!

Risiken! Hierzu dient als weitere Lagerkennzahl der durchschnittliche Lagerbestand!

131. Arbeitsauftrag:

Herrn Kruse liegt ein Angebot der Sorglos Versicherungsgruppe vor. Das Warenlager wird auf der Grundlage des **durchschnittlichen Lagerbestandes** gegen Feuer und Diebstahl versichert.

a. Erläutern Sie in eigenen Worten den Begriff durchschnittlicher Lagerbestand.
b. Entnehmen Sie der Lagerkarte „Studentenfutter" alle notwendigen Informationen und berechnen Sie mit Hilfe der nachfolgenden Formeln den durchschnittlichen Lagerbestand in Stück bei Jahresinventur und auf der Basis der **Quartalsendbestände**.
c. Der Einstandspreis je Tüte Studentenfutter liegt bei 0,50 Euro. Wieviel **Kapital** ist auf der Basis der **Quartalsendbestände** in diesem Artikel **gebunden**?

Lagerkarte					
Warengruppe	Nr. 4: Snacks				
Artikelnummer	427				
Artikelbezeichnung	Studentenfutter Nuss-Mischung mit getrockneten Rosinen Hersteller: Firma Campus, 100 g Tüte		Höchstbestand		200
			Meldebestand		
			Mindestbestand		30
Lieferant	Süßwarenhandlung Schleckerhand, Bonn				

Datum	Beleg	Vorgang	Warenbewegung		aktueller Bestand
			Zugang	Abgang	
01.01.20…	Inventar zum Jahresende	Jahresinventur			50
…	…	…	…		…
31.03.20…	Inventar zum 1. Quartalsende	Quartalsinventur			200
…	…	…		…	
30.06.20…	Inventar zum 2. Quartalsende	Quartalsinventur			90
…	…	…	…	…	
31.08.20…	Inventar zum 3. Quartalsende	Quartalsinventur			185
…	…	…		…	
31.12.20…	Inventar zum 4. Quartalsende	Quartalsinventur zum Jahresende			70

Durchschnittlicher Lagerbestand bei Jahresinventur

$$= \frac{\text{Anfangsbestand} + \text{Endbestand}}{2}$$

$$= \underline{\hspace{3cm}} = \underline{\hspace{3cm}}$$

Durchschnittlicher Lagerbestand mit Quartalsendbeständen

$$= \frac{\text{Anfangsbestand} + 4 \text{ Quartalsendbestände}}{5}$$

$$= \underline{\hspace{3cm}} = \underline{\hspace{3cm}}$$

Kapitalbindung: ....

132. Arbeitsauftrag:

Lagerkennziffern sind das Thema im Schülerkiosk. Seit einiger Zeit zählen auch Collegeblöcke zum Sortiment.

Rico soll den **Meldebestand** für die Collegeblöcke berechnen. Leider tut er sich noch immer etwas schwer. Also los, nun helfen Sie mal!

133. Arbeitsauftrag:

Oh – ganz übel. Jetzt soll Rico auch noch den durchschnittlichen Lagerbestand für die Collegeblöcke ermitteln. Hierzu hat ihm Birgit alle notwendigen Werte bereitgestellt – sogar für alle Monate des Jahres. Leider muss sie jetzt weg – und Mandy auch! Zum Glück haben Sie ja noch Zeit!

a. Berechnen Sie den durchschnittlichen Lagerbestand
  • mit Anfangs- und Endbestand
  • mit den Quartalsendbeständen
  • mit allen Monatsendbeständen. Ermitteln Sie hierzu die Vorgehensweise!

Bestand	Stückzahl	Bestand	Stückzahl
Anfangsbestand Januar	262	Endbestand Juli	235
Endbestand Januar	228	Endbestand August	203
Endbestand Februar	180	Endbestand September	181
Endbestand März	158	Endbestand Oktober	144
Endbestand April	123	Endbestand November	121
Endbestand Mai	96	Endbestand Dezember	98
Endbestand Juni	246		

b. Woraus ergeben sich eigentlich die unterschiedlichen Ergebnisse, wenn die verschiedenen Berechnungsformeln zum Einsatz kommen.

9.30 Uhr – große Pause am Berufskolleg. Im Schülerkiosk ist es – wie man so sagt – rappelvoll und überaus laut, eigentlich sogar ungewöhnlich laut! Was ist denn da los?

134. Arbeitsauftrag:

Ärger im Schülerkiosk, denn die Kunden sind offenkundig unzufrieden. Und als guter Geschäftsmann weiß Hausmeister Kruse: Das geht gar nicht!

a. Erläutern Sie die **Problemsituation** und arbeiten Sie hierzu die **Ursachen** heraus!
b. Sammeln Sie **Ideen**, die der Kiosk zur **Lösung des Problems** ergreifen könnte.

135. Arbeitsauftrag:

a. Bilden Sie für die verschiedenen Ideen **arbeitsteilige Gruppen** und entwickeln Sie dort **konkrete Vorschläge**. Spüren Sie hierzu **geeignete Informationen** auf und nutzen zur Aktualisierung auch Informationsportale im Internet!
b. Stellen Sie Ihre Arbeitsergebnisse **anschaulich** dar und **informieren** Sie Ihre **Mitschüler** (Plenum!).

Montag, 1. Stunde im Berufskolleg und Frau Dr. Karzer erteilt den Schülern im Deutschunterricht eine Lektion. Sie zitiert – natürlich in freier Rede – aus dem Werk eines großen Literaten:

„Man bezahlt immer öfter mit klingender Münze und nicht mit anderen Waren im Tausch, ich weiß nicht, ob du begreifst, was das heißt: Wenn du zwei Hühner für drei Kaninchen nimmst, musst du sie früher oder später essen, sonst werden sie schlecht, aber zwei Münzen, die kannst du unter deinem Bett verstecken, und die sind auch nach zehn Jahren noch gut, und wenn du Glück hast, bleiben sie sogar dort, wenn Feinde dein Haus überfallen."
Eco, Umberto: Baudolino. Übers. v. Burkhart Kroeber. München: Carl Hanser Verlag 2001, S. 190 f.

Zwei Hühner

... für drei Kaninchen?!

Geld – Leute: Hier geht's um Geeeld!

136. Arbeitsauftrag:

Frau Dr. Karzer unterstützt mit ihrer Deutsch-Lektüre die Arbeit des Kollegen Klamm, der mit seinen Schülern gerade die Aufgaben des Geldes in der arbeitsteiligen Volkswirtschaft durchnimmt.

a. Beziehen Sie sich auf das obige Zitat und stellen Sie dar, welche Bedeutung die Einführung des Geldes für das Wirtschaftsleben hat!
b. Benennen Sie die Aufgaben des Geldes in der modernen Wirtschaftsordnung.
c. Klären Sie in den nachfolgenden Fallsituationen, welche Funktionen des Geldes jeweils vorliegen. Tragen Sie diese in die entsprechenden Kästchen ein.

In der großen Pause herrscht reges Treiben im Café Krümel:

Ihr Frühstück, Herr Klamm – das macht ...

4,50 Euro – und die sind gut angelegt!

Zehn Penunse - was soll das? Aus welchem Traumurlaub hast du denn diesen Geldschein? Dafür gibt es hier nicht einmal ein trockenes Brötchen!

Tauschmittel

Gesetzliches Zahlungsmittel

137. Arbeitsauftrag:

Sie erinnern sich: Ralf war mit seinem Versuch, einen „10-Penunse-Schein"
in Kiosk-Naturalien umzusetzen, bei Frau Kruse kläglich gescheitert.
Als Geld wollte sie den Penunse-Schein nicht akzeptieren. Doch was ist eigentlich Geld und welche Arten des
Geldes gibt es? Zeigen Sie Ihr Grundwissen!

Vervollständigen Sie die nachfolgenden Merksätze. Notwendiges „Füllmaterial" finden Sie im Buchstabenkasten.
Achtung: Einige Begriffe können mehrfach genutzt werden!

Hinweis: Setzen Sie: ä = ae / ö = oe / ü = ue

1	Das Geld eines Landes bezeichnet man als *Währung* .
2	Zum Geldsystem der Bundesrepublik Deutschland gehört das ~~Buchgeld~~ *Bargeld* . Dies besteht aus *Banknoten* und *Münzen* .
3	Zum Geldsystem gehören auch alle Guthaben oder Kredite bei Kreditinstituten, über die jederzeit frei verfügt werden kann. Dieses Geld heißt: *Buchgeld* .
4	Das Recht zur Ausgabe von Banknoten hat die Europäische *Zentralbank* .
5	Geldmünzen werden von der Deutschen *Bundesbank* ausgegeben.
6	

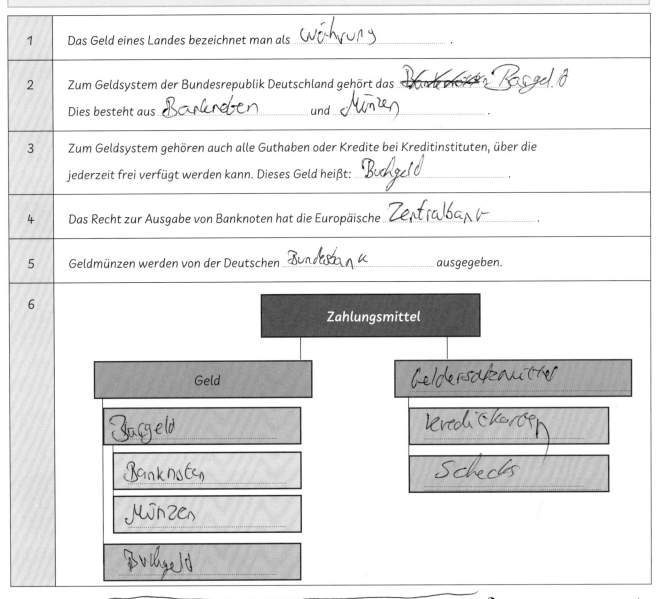

Zahlungsmittel

- Geld
  - *Bargeld*
  - *Banknoten*
  - *Münzen*
  - *Buchgeld*
- *Geldersatzmittel*
  - *Kreditkarten*
  - *Schecks*

U	M	S	K	R	E	D	I	T	K	A	R	T	E	N	M
I	U	U	X	B	A	N	K	N	O	T	E	N	B	X	D
L	E	Y	B	U	C	H	G	E	L	D	I	D	M	S	U
O	N	K	W	A	E	H	R	U	N	G	A	I	Q	C	I
P	Z	O	B	U	N	D	E	S	B	A	N	K	J	H	Q
G	E	L	D	E	R	S	A	T	Z	M	I	T	T	E	L
W	N	A	G	W	C	X	O	E	D	G	X	U	J	C	Z
D	I	K	H	Z	E	N	T	R	A	L	B	A	N	K	P
V	V	B	A	R	G	E	L	D	D	M	Q	Y	I	S	T

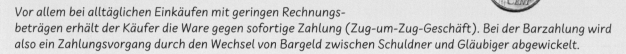

▶ Bar(geld)zahlung

138. Arbeitsauftrag:

Vor allem bei alltäglichen Einkäufen mit geringen Rechnungs-
beträgen erhält der Käufer die Ware gegen sofortige Zahlung (Zug-um-Zug-Geschäft). Bei der Barzahlung wird
also ein Zahlungsvorgang durch den Wechsel von Bargeld zwischen Schuldner und Gläubiger abgewickelt.

Erkunden und entscheiden Sie, wie Frau Kruse mit dem üppigen Münzenberg ihres Kunden Rico umgehen sollte
(Stichwort: Umtauschpflicht von Münzgeld).

Also: 2 Brötchen, 1 Pudding-
teilchen, 1 Zeitschrift,
2 Powerriegel, 1 Schokolade und
1 Flasche Perla – macht 6,70 € !

Welch ein Zufall: Das habe
ich passend abgezählt in
10-Cent-Münzen! Oder hier:
Ein 10-Penunse-Schein
und der Rest ist für
das Personal!

139. Arbeitsauftrag:

Kassensturz! Ein Arbeitstag an der Verkaufstheke des Schülerkiosks ist zu Ende. Jetzt muss die Kasse
abgerechnet werden. Leider ist das Kioskpersonal noch nicht fertig und das noch zu zählende Geld völlig
durcheinander. Aber da kommen ja Sie, hochkonzentriert und belastbar, kurzum: zur rechten Zeit am
rechten Ort!

a. Rechnen Sie die Kasse ab, indem Sie die Anzahl der Geldeinheiten in die untenstehende Tabelle eintragen.
b. Auch das noch! Ein 10-Euro-Schein ist beschädigt: zur Hälfte eingerissen und ein Stück fehlt sogar!
   Was bedeutet das?
c. Beschreiben Sie, welche grundsätzlichen Gefahren
   mit der Barzahlung für den Verkäufer verbunden sind.

Kassensturz –
wie ich das liebe!

Geldeinheit	Anzahl	Betrag in €
1 Cent	26	
2 Cent	49	
5 Cent	24	
10 Cent	27	
20 Cent	19	
50 Cent	14	
Zwischensumme:		

Geldeinheit	Anzahl	Betrag in €
1 Euro		
2 Euro		
5 Euro		
10 Euro		
20 Euro		
50 Euro		
Zwischensumme:		

Gesamtsumme:

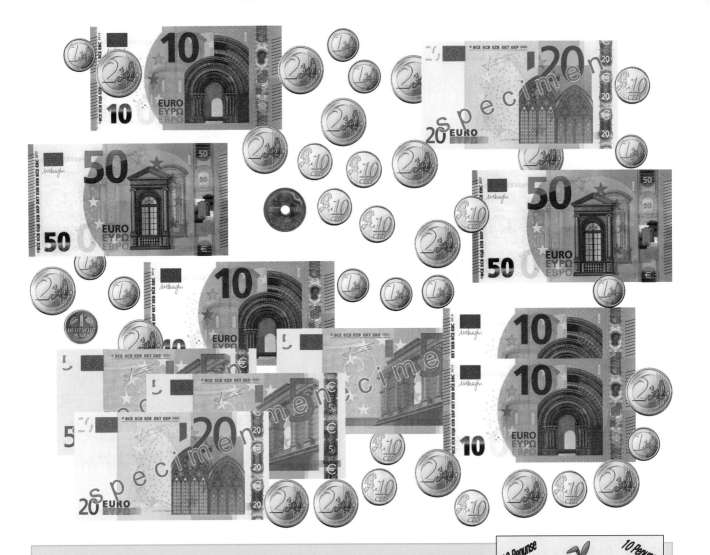

140. Arbeitsauftrag:

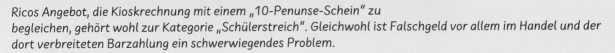

Ricos Angebot, die Kioskrechnung mit einem „10-Penunse-Schein" zu begleichen, gehört wohl zur Kategorie „Schülerstreich". Gleichwohl ist Falschgeld vor allem im Handel und der dort verbreiteten Barzahlung ein schwerwiegendes Problem.

Informieren Sie sich über die Sicherheitsmerkmale der Euro-Banknoten und stellen Sie diese am Beispiel der 10-Euro-Banknote tabellarisch zusammen.

Vorschlag: Recherchieren Sie die Sicherheitsmerkmale auf der Internetseite der Deutschen Bundesbank, Stichwort: **Sicherheitsmerkmale**.

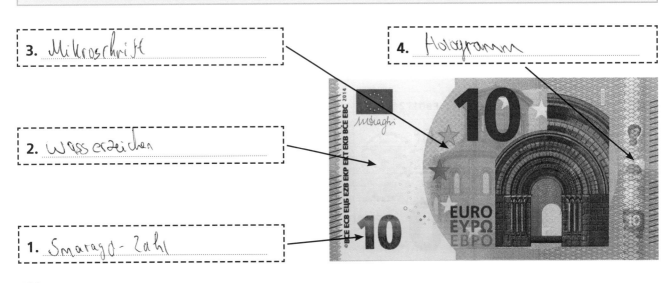

3. Mikroschrift

4. Hologramm

2. Wasserzeichen

1. Smaragd-Zahl

Sicherheitsmerkmale z. B.: 10-Euro-Schein	Erkennbarkeit durch Fühlen, Sehen und Kippen des Geldscheins
1. Smaragdzahl	Es ist eine glänzende Zahl auf der Vorderseite. Beim Kippen der Banknote bewegt sich ein Lichtbalken auf und ab.
2. Wasserzeichen	Es ist ein Gegenlicht auf der Vorder-Rückseite zu sehen, es wird ein Portrait der mythologischen Gestalt Europa gezeigt
3. Mikroschrift	An verschiedenen Stellen im Motiv der Banknote befindet sich eine Mikroschrift.
4. Hologramm	Es ist ein silberner Streifen auf der Vorderseite.
5.	

Quelle: www.bundesbank.de, Stichwort Sicherheitsmerkmale

141. Arbeitsauftrag:

Die weitverbreitete Barzahlung bedingt für Gläubiger und Schuldner Vor-, aber auch Nachteile. Stellen Sie die **Vorteile** der Barzahlung **für den Gläubiger** und die **Nachteile** der Barzahlung **für den Schuldner** in einer Tabelle gegenüber.

Vorteile der Barzahlung für den Gläubiger	Nachteile der Barzahlung für den Schuldner

Das Sportfest steht vor der Tür. Gerade liefert die Metzgerei Haxe noch leckere Frikadellen zur „Stärkung" der Athleten:

> So, die Frikos: Das macht 166,60 €. Ehrenleute zahlen bar! Dann sind wir auch gleich quitt!

> Ja, äääh, obwohl: in der Kioskkasse ist ja jede Menge Bargeld!

Wenig später trifft Rico auf Birgit:

> Wo ist das ganze Wechselgeld aus der Kasse hin?

> Locker bleiben, Kleines – ich habe die Frikos direkt bar bezahlt! Sag Frau Kruse bitte Bescheid – ich muss jetzt zum Training!

... und dann eskaliert die Sache:

> Was hat der gemacht? Was hat der gesaaaagt? Eben rief Haxes Frau an und bittet um rasche Bezahlung der Ware! Wir zahlen doch nicht doppelt! Der Rico war hoffentlich so schlau und hat sich ...

> Nun ja, ich glaube nicht – aber der ist jetzt auch zum Training!

... und war sogar Thema im Unterricht!

> Ganz hässlich – und was lernen wir aus der Geschicht':

> ... ohne Quittung geht es nicht!

☞ Gewöhnlich erhält der Kunde als Beweis für seine geleistete Barzahlung den von einer Kasse ausgedruckten Kassenbon.

☞ Nach § 368 BGB hat ein Schuldner das Recht, bei Barzahlung eine schriftliche Empfangsbestätigung (Quittung) zu erhalten. Mit einer Quittung wird der Erhalt einer Leistung bestätigt. Dieser wird als besonderer Beleg, z. B. gegenüber dem Finanzamt, benötigt.

☞ Bei Rechnungsbeträgen ab 150,00 Euro muss der Umsatzsteuerbetrag ausgewiesen werden. Die Quittung wird immer von dem Empfänger der Geldleistung an den Schuldner ausgestellt.

> Jetzt bekommen Sie die Quittung!

142. Arbeitsauftrag:

Rico hat es versäumt, sich für die Barzahlung der Frikadellenrechnung eine Quittung ausstellen zu lassen. Glücklicherweise ist die Geschäftsbeziehung seriös und der Schülerkiosk erhält die Quittung nachträglich.

Stellen Sie unter den bekannten Angaben eine Quittung aus! Berücksichtigen Sie dabei die nachfolgenden Quittungsbestandteile.

1.	Zahlbetrag in Ziffern	5.	Grund der Zahlung
2.	Zahlbetrag in Buchstaben	6.	Empfangsbestätigung
3.	Umsatzsteuerbetrag	7.	Ort und Datum der Ausstellung
4.	Name des Zahlenden	8.	Unterschrift des Zahlungsempfängers

Nur ein Beteiligter nutzt ein Konto:
▶ Halbbare Zahlung

Herr Kruse, da ist ein Paketbote, der den neuen Sandwich-Toaster liefert. Er spricht dauernd etwas von 59,00 € und **Nachnahme**.
Ich habe ihm auch schon mehrfach gesagt, dass ich „Winter" heiße, aber er bleibt einfach stehen und starrt mich an!

Wahrscheinlich muss es nur der richtige Nachname sein. Wir werden es mal mit „Kruse" versuchen, das zeigt meist Wirkung!

143. Arbeitsauftrag:

Bringen Sie die nachfolgenden Schritte beim Ablauf einer Zahlung per Nachnahme in die richtige Reihenfolge. Tragen Sie Ziffern von 1 bis 9 hinter die Aussagen ein.

Abgabe des Pakets einschließlich Zahlschein bei DHL.	4
Zahlung des Nachnahmebetrags (Bargeld) an den Paketboten.	7
Anbringen des Nachnahmevermerks (Aufkleber) auf der Warensendung.	3
Berechnung des Nachnahmebetrags (Warenwert zuzüglich Gebühren) durch den Verkäufer der Ware.	1
Aushändigung des Pakets an den Empfänger gegen Unterschrift.	8
Ausfüllen des zugehörigen Zahlscheins durch den Verkäufer.	2
Überweisung des Nachnahmebetrags auf das Konto des Verkäufers.	9
Bezahlung des Beförderungsentgelts für den Paketversand.	5
Anlieferung beim Empfänger der Sendung.	6

(Anmerkung: Bei Abholung des Pakets in der Postfiliale kann die Sendung auch mit ec-Karte bezahlt werden.)

Der Paketbote sah nicht sehr vertrauenserweckend aus. Vielleicht steckt der sich meine 59,00 € in die eigene Tasche. Wie kann ich dann beweisen, dass ich die Ware bezahlt habe?

144. Arbeitsauftrag:

a. Bewerten Sie die Zahlung per Nachnahme aus Sicht des Käufers sowie des Verkäufers. Beachten Sie hierbei besonders die Faktoren Sicherheit und Kosten.
b. Für welche Branche bzw. Art von Unternehmen ist diese Zahlungsweise von besonderer Bedeutung?
c. Könnte diese Zahlungsweise auch sinnvoll vom Schülerkiosk eingesetzt werden?

145. Arbeitsauftrag:

Rico Labutzke hat vor 4 Wochen wegen „Veränderungen" an seinem Motorroller ein Bußgeld von 50,00 €
erhalten. Die Zahlung ist nun dringend. Leider hat ihm vor kurzer Zeit seine Bank wegen mehrfacher ungedeckter
Zahlungsaufträge für Handy-Rechnungen und Ratenkäufe das Konto gekündigt. Was nun, Rico?
Zeigen Sie Rico mögliche Wege der Zahlung auf und wählen Sie begründet einen aus.

> Alles original – ich schwöre! Ich hatte nur viel Rückenwind und … !

Bußgeldbescheid Nr. La-93:

Bußgeld	50,00 €
Mahnkosten	10,00 €
	60,00 €

Bußgeldstelle Königswinter
Sparkasse Rhein-Sieg
IBAN:
DE66 3805 0490 6509 2041 05

Bankhaus BIMBES

> Junger Mann, da empfehle ich … !

146. Arbeitsauftrag:

a. Füllen Sie den **Zahlschein** für Rico aus.
b. Ermitteln Sie die Kosten für die Ausführung einer „Bareinzahlung auf fremdes Konto" (Zahlschein) bei einer Bank oder Sparkasse.
c. Für welche Personen ist dieses Zahlungsinstrument grundsätzlich interessant?

SEPA-Überweisung

Für Überweisungen in Deutschland, in andere EU-/EWR-Staaten und in die Schweiz in Euro.
Bitte Meldepflicht gemäß Außenwirtschaftsordnung beachten!

Angaben zum Zahlungsempfänger: Name, Vorname/Firma (max. 27 Stellen, bei maschineller Beschriftung max. 35 Stellen)

IBAN
D E 6 6 3 8 0 5 0 4 9 0 6 5 0 9 2 0 4 1 0 5

BIC des Kreditinstituts/Zahlungsdienstleisters (8 oder 11 Stellen)

SEPA-Überweisung €   Betrag: Euro, Cent   6 0 0 0

Kunden-Referenznummer – Verwendungszweck, ggf. Name und Anschrift des Zahlers – (nur für Zahlungsempfänger)

noch Verwendungszweck (insgesamt max. 2 Zeilen á 27 Stellen, bei maschineller Beschriftung max. 2 Zeilen á 35 Stellen)

Angaben zum Kontoinhaber: Name, Vorname/Firma, Ort (max. 27 Stellen, keine Straßen- oder Postfachangaben)

IBAN
D E   16

Datum   Unterschrift(en)

S E P A

> Das **Konto** ist ein unterschätztes Juwel, das wertvolle Dienste leistet. Das merkt man allerdings erst, wenn man keines mehr hat.

> Ich will wieder ein Konto für …

147. Arbeitsauftrag:

Ein **Girokonto** hat verschiedene Funktionen und ist Voraussetzung für die Nutzung vieler Möglichkeiten des modernen Zahlungsverkehrs.
Sammeln Sie in Stichworten mögliche Funktionen oder Einsatzzwecke eines Girokontos.

148. Arbeitsauftrag:

Konto ist nicht gleich Konto! Für verschiedene Einsatzzwecke der Kunden bieten Banken verschiedene Konten an.
Beschaffen Sie sich die Informationen aus Ihrem Schulbuch, bei Bankfilialen oder aus dem Internet und erstellen
Sie dazu eine Tabelle nach folgendem Muster:

	Girokonto	Sparkonto	Festgeldkonto
Zweck			
Verfügbarkeit des Guthabens			
Aktueller Zins			
Kosten			

149. Arbeitsauftrag:

*Durch den **Kontoauszug** erhält der Kontoinhaber aktuelle Informationen über sein Konto. Erläutern Sie dem Kontoinhaber, welche wesentlichen Informationen dem nachstehenden Auszug zu entnehmen sind.*

Kontoauszug Bankhaus Bimbes

Datum: 03.06.20..

IBAN: DE31 3815 0000 0049 8519 88

Kontonummer 49851988

Buchung	Vorgang/Buchungsinformation	Wert	Umsatz in EUR
30.05.20..	Überweisung Café Krümel, Rg. 04/20...	30.05.	58,30 –
31.05.20..	Gutschrift LBV, Gehalt 05/20...	01.06.	2.564,00 +

Dispositionskredit	500,00 EUR	Kontostand am 16.05.20..	365,24 –
Zinssatz für Dispo	10,25 %	Kontostand am 03.06.20..	2.140,46 +
Zins gestattete Überziehung	14,50 %		

Herrn/Frau/Firma	Auszug Nr.
Leo Klamm Zur Senke 22 53604 Bad Honnef	36

Kontostand alt in €: 365,24

Kontoinhaber: Leo Klamm

Kontostand aktuell €: 2.140,46

Datum Geldabgang: 30.05.20

Datum Auszug: 03.06.20

Zinssatz bei Soll-Saldo: 10,25

Datum Geldeingang: 31.05

Änderung Saldo in €: 2.505,70

Art der Kontobewegungen:

Auszug-Nr.: 36

2564,00
– 58,30
2505,70

150. Arbeitsauftrag:

*Bei der Eröffnung eines Girokontos soll Rico der Bank eine **„Einwilligung zur Übermittlung von Daten an die Schufa"** unterschreiben. Rico reagiert skeptisch und verweigert seine Unterschrift. Daraufhin sieht der Bankmitarbeiter keine Möglichkeit der Kontoeröffnung.*
a. Informieren Sie sich gründlich über die „Schufa" und ihre Aktivitäten.
b. Diskutieren Sie anstelle von Rico und des Bankmitarbeiters, ob der Austausch von Informationen über die „Schufa" sinnvoll oder sogar notwendig ist.
c. Beschaffen Sie sich eine kostenfreie Selbstauskunft über sich bei der „Schufa".
(Internet-Seite „meineSCHUFA.de", dort: „Datenübersicht nach § 34 Bundesdatenschutzgesetzt")

Ich will doch nur ein Konto eröffnen. Ihre Schufa kann mich auf dem Handy anrufen, wenn sie was wissen will.

Bankhaus BIMBES

Es ist doch nur zu Ihrem eigenen Besten, glauben Sie mir.

Konto-eröffnung
...
...

Informationen →

← Informationen → **Schufa**

Das „Aus" für die Barzahlung:
▶ Bargeldlose Zahlung

Bargeldlose Zahlungen liegen vor, wenn sowohl der Zahler als auch der Zahlungsempfänger ein Konto für die Zahlung nutzen.

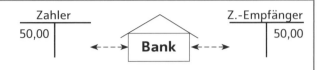

Zahler   Z.-Empfänger

50,00   ◄--► **Bank** ◄--►   50,00

Ich war gerade bei Metzger Haxe. Er hat getobt, dass wir die Grillwürstchen noch nicht bezahlt hätten, und sehr überzeugend mit einem blutigen Fleischer-Messer herumgefuchtelt.

Messer..., Blut...? Nicht gut!! Dann überweise ich den Betrag wohl besser mal schnell.

151. Arbeitsauftrag:

Ralf hat leider die Rechnung von Metzger Haxe verlegt. Schauen Sie sich deshalb noch einmal das Angebot von Metzger Haxe im 98. Arbeitsauftrag an.
*Ermitteln Sie den Rechnungsbetrag und füllen Sie einen **Überweisungsauftrag** aus. Alle notwendigen Angaben finden Sie im Angebot. Den Überweisungsträger finden Sie im Onlinematerial.*
*[**Merke:** In den Zeilen **„Verwendungszweck"** gibt man dem Zahlungsempfänger Informationen zur leichteren Einordnung und Buchung der Zahlung (z. B. Rechnungs- oder Kunden-Nummer). Diese Information erhält er auf dem Auszug.]*

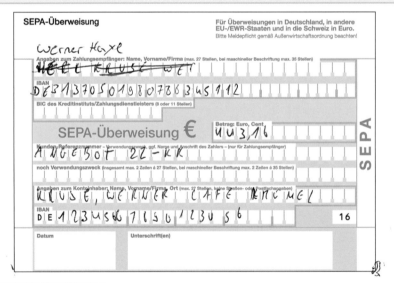

Ich habe vor 3 Tagen eine Überweisung für mein Studio abgegeben. Aus Versehen habe ich 99,00 € anstatt 9,90 € eingetragen. Holen Sie mir mein Geld zurück!

Ah ja!

152. Arbeitsauftrag:

a. Informieren Sie sich über die Möglichkeiten des Widerrufs einer Überweisung.
b. Formulieren Sie eine angemessene Antwort des Bankangestellten. Diese sollte auch einen Hinweis für Rico enthalten, wie er am besten vorgeht.

Abschalten durch Einschalten

Rico Labutzke

...

Rechnung 24/V - Ihr TV-Abonnement Nr. 2233

Kategorie	Menge	Einzelpreis €	Gesamt-Preis €
Basis	1	9,90	9,90
Action	4	2,50	10,00
Romance	2	3,00	6,00
			25,90
		USt	4,92
			30,82

Für eine Bezahlung ohne Probleme empfehlen wir die Zahlung per Lastschrifteinzug. Einfach beiliegendes Lastschriftmandat ausfüllen, unterschreiben und an obige Anschrift schicken.

SEPA-Basis-Lastschriftmandat:

IBAN: ....

Geldinstitut: ....

Datum, Unterschrift: ....

Klar zahl ich mit **Lastschrift.** *Superbequem – brauche ich nichts mehr zu machen. Das nutze ich auch schon fürs Handy und die Fernseher-Raten.*

153. Arbeitsauftrag:

a. Rico plant, das Lastschriftverfahren zu nutzen und dem TV-Anbieter das Lastschriftmandat zu erteilen. Beurteilen Sie kritisch Ricos Entscheidung für das Lastschriftverfahren.

b. Bringen Sie die unten genannten Schritte der Abwicklung einer Zahlung im Lastschriftverfahren durch Eintragen von Ziffern in eine sinnvolle Abfolge.
(Zur Vereinfachung gehen wir davon aus, dass Schuldner (Zahlungspflichtiger) und Gläubiger (Zahlungsempfänger) jeweils ihr Konto bei der gleichen Bank haben.)

c. Ergänzen Sie anschließend das abgebildete Schaubild durch die vergebenen Ziffern.

Einreichung der Lastschrift bei der Bank.	....
Benachrichtigung des Schuldners (Zahlungspflichtiger) durch Kontoauszug.	....
Ausstellung der Lastschrift (i. d. R. auf Datenträger).	....
Benachrichtigung des Gläubigers (Zahlungsempfänger) durch Kontoauszug.	....
Erteilung des Lastschriftmandats an den Gläubiger (Zahlungsempfänger).	....
Gutschrift des Lastschriftbetrages auf Konto des Gläubigers (Zahlungsempfänger).	....
Belastung des Lastschriftbetrages auf Konto des Schuldners (Zahlungspflichtiger).	....

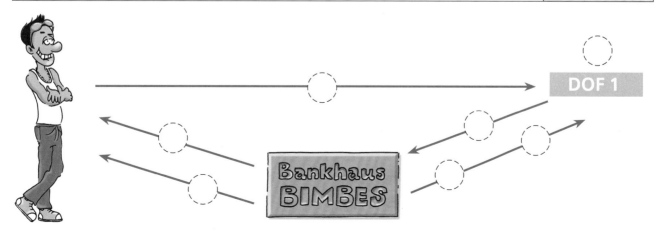

Das Lastschriftverfahren könnten auch wir für eine ganze Reihe von Zahlungsverpflichtungen nutzen. Das würde eine Menge Arbeit ersparen.

Klar, und dann buchen die Unsummen von unserem Konto ab und wir können nichts dagegen unternehmen. Da können wir uns ja direkt entmündigen lassen.

154. Arbeitsauftrag:

a. Nennen Sie 5 Beispiele für Zahlungsverpflichtungen, bei denen man das Lastschriftverfahren sinnvoll einsetzen könnte.

b. Gehen Sie auf Herrn Kruses Einwand bzgl. der Risiken dieses Verfahrens ein.

Das mag ja alles ganz praktisch sein mit der Lastschrift, aber ich traue dem Braten trotzdem nicht. Und was ist erst, wenn ich im Sommer 6 Wochen in Cala Sangria weile?

155. Arbeitsauftrag:

Herr Kruse bleibt skeptisch und sucht nach Alternativen.

a. Warum könnte der geplante lange Sommerurlaub zu einem Problem werden?

b. Entscheiden Sie für die oben von Ihnen genannten Zahlungsanlässe, ob dafür nicht auch ein anderes Zahlungsinstrument (uagfrtduraae) sinnvoll eingesetzt werden könnte.

c. Erläutern Sie die Voraussetzung für den Einsatz dieses Instruments und die wesentlichen Unterschiede zum Lastschriftverfahren.

Plastikgeld ist auf dem Vormarsch:
▶ Kartenzahlung

Und hier ist Ihre neue Girocard, Herr Labutzke.

Na endlich! Das Leben hat mich wieder!

156. Arbeitsauftrag:

a. Warum ist Rico so glücklich über den Erhalt der neuen Girocard?

b. Sie kennen Rico und sein Zahlungsverhalten ja mittlerweile ein bisschen. Beurteilen Sie mit Blick auf seine Person kritisch dieses Zahlungsinstrument.

Vorsicht! Wir empfehlen …

Heißer Tipp vom Rico „für umsonst": Im Adressbuch unter „Bank" als Telefon-Nummer tarnen.

157. Arbeitsauftrag:

a. Bereiten Sie aus Sicht des Bankmitarbeiters einen Kurzvortrag zum Umgang von Girocard und Geheimnummer vor.

b. Beurteilen Sie Ricos Vorschlag für Menschen, die sich – wie er sagt – „… Wichtigeres merken müssen".

Das glaube ich doch jetzt nicht. Flammneue Karte und schon funktioniert sie nicht mehr.

158. Arbeitsauftrag:

Wodurch kann die Karte von Rico beschädigt worden sein?

So, Mandy, 4,50 € für das leckere Tagesmenü! Aber: cash only!

Bar? Münzen machen hässliche Beulen ins Portemonnaie! Ich habe nur meine Girocard dabei!

159. Arbeitsauftrag:

Die Kruses sind Befürworter des „konservativen" Zahlungsverhaltens mit Bargeld. Offenkundig trifft das jedoch nicht den Geschmack aller Kunden. Informieren Sie sich über die Vor- und Nachteile des Bezahlens mit Girocard. Beleuchten Sie dabei sowohl die Verkäufer- als auch die Kundensichtweise.

2 Wochen später:

So, Mandy – ab heute auch mit Girocard! Hier ins neue schicke Lesegerät einschieben und PIN eingeben!

PIN eingeben? Ich kann mir doch keine Zahlen merken und in Nicos Grillstube brauche ich nur zu unterschreiben!

160. Arbeitsauftrag:

Der Schülerkiosk hat auf die Wünsche seiner Kunden reagiert und den Einsatz der Girocard eingeführt. Frau Kruse besteht dabei auf Eingabe der PIN-Nummer. Informieren Sie sich über den Einsatz der Girocard mit Eingabe der PIN-Nummer oder mit Kundenunterschrift auf dem Kassenbeleg. Arbeiten Sie die jeweiligen Vor- und Nachteile für den Händler heraus!

Plastikgeld ist auf dem Vormarsch:
▶ Kreditkarten

In den Ferien reise ich in die USA – und hier ist meine Kreditkarte. Dieses Stück Plastik werde ich nun in Ihrem Kiosk ausprobieren, um meine Rechnung für das Geburtstagsbuffet zu bezahlen.

Was ist denn das für ein neumoderner Kram? Kenne ich nicht – nehme ich nicht!

Sportlehrer Grätsche sorgt mal wieder für Aufregung im Kioskbetrieb:

Ich will doch einfach nur das Geld der Leute. Aber das wird immer komplizierter. Plastikkarten in allen Varianten! Doch wenn ich das ablehne, rennt mir die Kundschaft weg!

... und das ist schlecht fürs Geschäft, für Sie und für mich.

Doch schon am selben Tag konnte Bankier Halsschneid von der Bimbes-Bank einen Beratungstermin anbieten!

161. Arbeitsauftrag:

Bankier Halsschneid bittet den „Chef" zunächst, seine grundsätzlichen Fragen zum Thema Kreditkarte zu formulieren.

a. Werden Sie zum Trittbrettfahrer! Notieren **Sie**, was für Sie zum Thema Kreditkarte von Interesse ist.
b. Ohne Wissen geht es nicht! Nutzen Sie hierzu den nachfolgenden Infotext und lösen Sie das Rätsel.
   Die Leerstellen müssen Sie möglicherweise durch zusätzliche Recherchen schließen.
   Achtung: s = senkrecht, w = waagerecht, ä = ae, ö = oe, ü = ue

Kreditkarten sind im Format einer Scheckkarte hergestellte Plastikkarten, die als Zahlungsmittel die (**s 14**) .... ersetzen. Kreditkartenkunden können rund um die Uhr und (**s 16**) .... in Geschäften, Restaurants, Hotels, Tankstellen oder Mietwagenunternehmen, die Kreditkarten akzeptieren, bezahlen. Überdies kann mit Kreditkarten auch Bargeld an Geldautomaten abgehoben werden. Hierzu ist zusätzlich eine (**w 23**) .... erforderlich. Die Bargeldauszahlung ist jedoch mit hohen (**w 18**) .... verbunden. Kreditkarten werden entweder direkt von Kreditkartenorganisationen herausgegeben (z. B. Diners, American Express) oder (**w 1**) .... vermitteln ihren Geschäftskunden Kreditkarten namhafter Kreditkartenorganisationen (z. B. Visa, Mastercard). Vor Zuteilung einer Kreditkarte wird die (**w 11**) Kredit-.................... des Kunden geprüft. Die Kreditkartenorganisation erhält eine (**s 17**) .... -ermächtigung für das Girokonto des Kreditkarteninhabers, damit die Beträge aus den Käufen mit Kreditkarte abgebucht werden können. Für die Bereitstellung einer Kreditkarte erheben die meisten Kreditkartenorganisationen eine (**s 4**) ....
Eine echte Kreditkarte räumt den Kunden einen Kreditrahmen ein. Sie bietet an, den monatlichen Rechnungsbetrag aus Kreditkartenkäufen wahlweise in einer Summe oder in (**w 25**) .... zu bezahlen. Ein gewisser Mindestbetrag der Gesamtsumme muss allerdings immer gleich gezahlt werden.

Die meisten Kreditkarten in Deutschland sind keine echten Kreditkarten, sondern sog. (**w 19**)

................................-Cards. Das Abrechnungsverfahren gestaltet sich bei diesem Kartentyp so,

dass der Kreditkartenbesitzer von der Kreditkartenorganisation am Ende des Abrechnungs-

zeitraums (z. B. ein Monat) eine (**w 8**) .... der Belastungen aus seinen Käufen

erhält. Der gesamte Rechnungsbetrag wird dann vom Girokonto des Kartenbesitzers ein-

gezogen. Da der Kreditkartenkunde seine Einkäufe also erst später bezahlt und ihm keine

Sollzinsen in Rechnung gestellt werden, bieten diese (**w 19**) ....-Cards also

für einen kurzen Zeitraum einen zinslosen Zahlungsaufschub und damit einen kleinen (**s 10**)

....

Geschäfte, die Zahlungen mit Kreditkarten akzeptieren, erhalten von der Kreditkarten-

organisation eine Zahlungsgarantie. Die Kosten für den Kreditkarteneinsatz trägt der (**s 22**)

.... Hierzu wird der Betrag des Leistungsbeleges um eine (**s 2**) ....

gekürzt. Mit ca. 3 bis 7 % Gebühren ist die Zahlung mit Kreditkarte für den Händler teurer als

beispielsweise eine Kaufabwicklung mit einer EC-Karte. Angesichts dieser Kosten akzeptieren

manche Händler den Kreditkarteneinsatz erst ab einem bestimmten Kaufbetrag.

Im Bezahlverfahren mit einer Kreditkarte zieht der Händler die er-

forderlichen Daten von der Kreditkarte zumeist elektronisch mit

einem (**s 12**) Karten .... ein. In einer Online-Verbindung

prüft der Rechner der Kreditkartenorganisation die (**s 7**) ....

.... der Karte. Der Kunde erhält einen gedruckten

Kassenbeleg. Alternativ und ohne Online-Verbindung können die

Kartendaten mechanisch über einem Papierbeleg mittels (**w 15**) .... erhoben wer-

den. Hierbei wird die Hochprägung auf der Kreditkarte genutzt, um einen Beleg zu erstellen. Der

Kunde muss in beiden Fällen unterschreiben und erhält eine (**s 5**) .... als Quittung.

Bei sorgfältigem Umgang mit der Kreditkarte ist die Missbrauchshaftung beispielsweise bei

Diebstahl für den Kreditkartenkunden auf 50,00 Euro begrenzt. Hierzu muss der Kunde die

Karte im Verlustfall sofort (**w 24**) .... lassen. Der Karteninhaber haftet jedoch für

den entstandenen Schaden, wenn er grob fahrlässig gehandelt hat. Dies ist gegeben, wenn

die PIN auf der Kreditkarte vermerkt wurde oder die PIN zusammen mit der (**s 9**)

.... (z. B. im Portemonnaie) aufbewahrt wurde. Kreditkarten haben einige

grundsätzliche Merkmale. Auf der Vorderseite befinden sich die hochgeprägte und gedruckte

Kartennummer, das Kartenverfallsdatum, der (**w 22**) .... des Karteninhabers und

(**s 13**) das .... (z. B. Visa, Mastercard). Auf der Rückseite der Kreditkarte sind ein

(**w 3**) ...., die Kartenprüfziffer und das Unterschriftenfeld.

Bei Käufen im Internet ist häufig die Zahlung mit Kreditkarte erforderlich. Zahlungen erfolgen

hier ohne persönliche (**s 6**) ...., sondern nur über die (**s 20**) Kreditkarten-

.... Um einen Missbrauch zu vermeiden, sind einige besondere Sicherheits-

merkmale zu beachten. Grundsätzlich sollte nur bei seriösen Anbietern gekauft werden.

Diese geben detaillierte Kontaktinformationen (E-Mail-Adresse, Anschrift, Telefonnummer)

und ihre Allgemeinen Geschäftsbedingungen an. Zudem garantieren sie für eine gesicherte

Verschlüsselung der (**s 21**) ....

Kartennummer
Die Zahlen stehen für das Kartenkonto, haben in der Regel 16 Ziffern und sind hochgeprägt.

Die ersten 4 Ziffern der Kartennummer sind hier nochmals aufgedruckt und müssen den hochgeprägten Ziffern entsprechen.

Karteninhaber
Der Name des Karteninhabers ist hochgeprägt.

SECCOS-Chip
SECCOS (Secure Chip Card Operating System) ist das Chipkarten-Betriebssystem.

Ablaufdatum
So lange ist die Karte gültig. Nach Ablauf erhält der Karteninhaber automatisch eine neue Karte.

Institutseindruck
Hier ist der Name des Kartenausgebenden Instituts aufgedruckt.

Kartenbuchstabe
Bei Master Cards ist hier ein „MC" hochgeprägt. Als Zusatzliches Kennzeichen möglich (z. B. „D" für Deutschland).

Bei VISA-Karten ist das für VISA typische „fliegende V" eingeprägt.

Magnetstreifen
Der Magnetstreifen besteht aus drei Spuren (ISO-Norm 7816). Das Datenvolumen beträgt 40 Byte. Der schwarze Streifen verläuft immer von Kartenrand zu Kartenrand.

Kartenprüfnummer
Diese wird zum Beispiel bei Online-Bestellungen oder Käufen per Telefon abgefragt.

Unterschriftsfeld
Hier muss der Karteninhaber eigenhändig unterschreiben. Ohne Unterschrift ist die Karte nicht gültig.

162. Arbeitsauftrag:

Bankier Halsschneid erklärt Herrn Kruse das Abrechnungsverfahren bei Einkäufen mit Kreditkarte. Zur Veranschaulichung zeichnet er die nachfolgende Skizze.

Erläutern Sie das Abrechnungsverfahren bei Zahlung mit Kreditkarte. Ordnen Sie den Pfeilen des Schaubildes die passenden Inhalte (Nummern) zu.

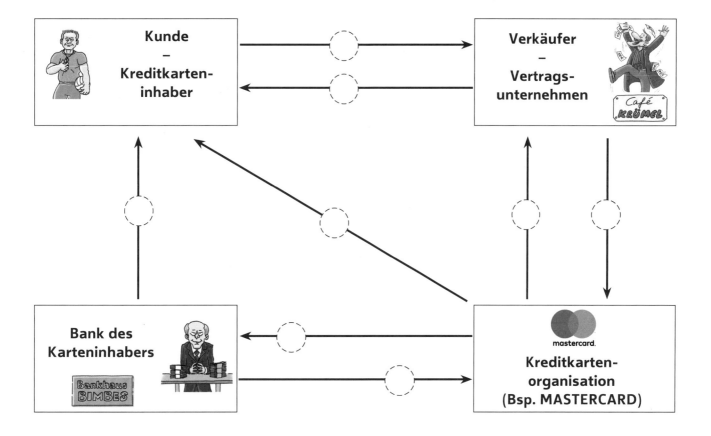

	Das Konto des Kunden wird belastet.		Die Bank überweist den Rechnungsbetrag.
	Das Vertragsunternehmen legt den Leistungsbeleg vor und fordert den Rechnungsbetrag ein.		Der Kunde erhält eine Quittung über den Zahlungsvorgang.
	Die Kreditkartenorganisation schickt die monatliche Sammelabrechnung über die fälligen Zahlungen.		Die Kreditkartenorganisation überweist nach ca. einem Monat den Rechnungsbetrag unter Abzug der Umsatzprovision.
	Die Kreditkartenorganisation zieht den gesamten Rechnungsbetrag im Wege des Lastschrifteinzugsverfahrens ein.		Der Kunde bezahlt den Rechnungsbetrag mit seiner Kreditkarte und unterschreibt einen Leistungsbeleg.

163. Arbeitsauftrag:

Neumodischer Kram — obwohl, na ja, vielleicht ja doch!? Aber die Gefahren, oh ja, man hört ja immer …

Das Stöhnen der Kioskmitarbeiter über die ständigen Botengänge zur Bank wird endlich erhört: Hausmeister Kruse macht einen Beratungstermin bei Direktor Halsschneid von der Bimbes-Bank.

a. Recherchieren Sie, welche Möglichkeiten das Onlinebanking den Bankkunden bietet.
b. Erläutern Sie mögliche Verfahrensweisen des Onlinebankings. Beziehen Sie dabei die nachfolgenden Fachbegriffe des Bankdirektors ein.
c. Als vorsichtiger Mensch hat Hausmeister Kruse vor allem von den Gefahren des Onlinebankings gehört! Stellen Sie zusammen, welche Sicherheitsüberlegungen beim Onlinebanking beachtet werden sollten!

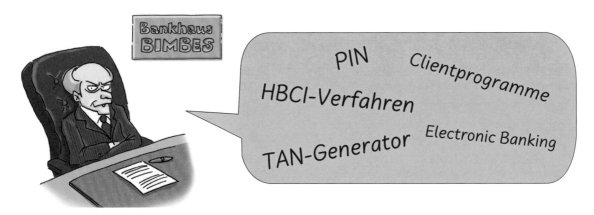

Bankhaus BIMBES

PIN   Clientprogramme
HBCI-Verfahren
TAN-Generator   Electronic Banking

164. Arbeitsauftrag:

Verblüffend schnell hat sich der „Chef" für das Onlinebanking im Kiosk entschieden. Sorgen bereitet ihm weiterhin die Frage der Sicherheit und dies liegt auch an der Arbeitshaltung seiner Mitarbeiter.
Machen Sie den Sicherheitscheck! Beurteilen Sie die nachfolgenden Szenen im Hinblick darauf, dass Herr Kruse seinen Kioskrechner nun für das Onlinebanking nutzt.

Szene 1:
Der Chef ist stinkesauer! Er sucht den TAN-Generator, weil er eine fällige Rechnung per Onlinebanking überweisen möchte!

Der liegt doch mit der Girocard in der roten Schachtel „Online-Banking". Wir haben das Orakel getestet und wollten herausfinden, ob er die geheimen Nummern weiß!

Szene 2:
E wie einfach! Also ich wollte gerade für den Chef den neuesten Kontostand per Onlinebanking abrufen, da kommt diese Mail mit dem Link zur Bimbes-Bank. Ich also drauf und: schwupp war ich drin!

Szene 3:
Also Sicherheit ist denen von der Bank total wichtig. Gerade rief mich ein Mitarbeiter an und sagte, dass er Kruses Konto auf Sicherheit prüfen muss. Dazu braucht er nur die PIN! Nett nicht?

Szene 4:
Die Firewall macht den Kiosk-Rechner total langsam. Ich schalte die immer aus. Kruse war dann richtig stinkig, weil er Onlinebanking gemacht hat und feststellte, dass die Firewall nicht gearbeitet hat. Okay – ich habe halt vergessen, sie wieder einzuschalten. Boah eiih – aber so ein Zirkus wegen …

Szene 5:
Und jetzt noch eine PIN. Ich bekomme die ganzen Nummern nicht in den Kopf!

Schreiben Sie doch alle Nummern in eine Datei und speichern Sie die auf dem PC. Datei öffnen und ablesen!

Szene 6:
Der Rico, der ist richtig süß! Der Rico geht mir nicht aus dem Kopf. Hmh – **R i c o** wäre doch ein tolles Passwort!

Szene 7:
Und im Urlaub gehe ich in ein Internet-Café und führe von dort aus meine Bankgeschäfte! Irre, was!?

Szene 8:
Alle schimpfen über Spam! Ich finde, da gibt es tolle und witzige Ideen und man lernt auch coole Leute kennen. Wenn ich an Kruses Rechner sitze und er nicht da ist …

Szene 9:
Auf dem Kioskkonto sind unerklärliche Abbuchungen. Surfen ohne Firewall – was! Na ja – ich gehe irgendwann nächste Woche zur Bank und lasse das überprüfen!

An diesen Auftrag könnt ihr euch 'ranwanzen!

165. Arbeitsauftrag:

Hausmeister Kruse hat ein Angebot der Firma Köbes wahrgenommen und den Kiosk mit Wasser versorgt. Die Rechnung liegt vor und muss bezahlt werden.

a. Errechnen Sie in der beiliegenden Getränkerechnung den Rechnungsbetrag.
b. Füllen Sie den beiliegenden Überweisungsträger aus. Hausmeister Kruse möchte den Skontoabzug nutzen!

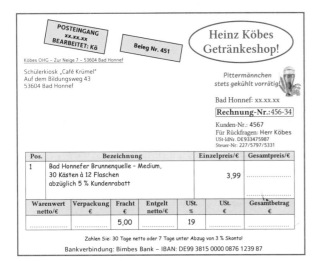

166. Arbeitsauftrag:

Frau Dr. Karzer hat anlässlich der Versetzungskonferenz für das Kollegium belegte Brötchen im Schülerkiosk bestellt. Sie zahlt den Rechnungsbetrag in Höhe von 45,00 € bar und verlangt umgehend eine entsprechende Quittung.

Füllen Sie den nachfolgenden Quittungsvordruck für Herrn Kruse aus.

Herr Kruse – und eine Quittung für meine Buchhaltung!

Quittung		
	Beträge in Euro	
	Nettowert	
	MWSt. %	
	Gesamtbetrag	
Gesamtbetrag in Worten		
von		
für		
ordnungsgemäß erhalten zu haben, bestätigt		
Ort, Datum	Stempel, Unterschrift	

167. Arbeitsauftrag:

Im Schülerkiosk Café Krümel und seinem erweiterten Umfeld sind verschiedene Zahlungen zu leisten. Entscheiden Sie die nachfolgenden Fälle wie im Musterbeispiel.

Situation	Zahlungsart bzw. Zahlungsform	1. bar 2. halbbar 3. bargeldlos
1. Lehrer Klamm kauft Frühstücksbrötchen.	Barzahlung	bar
2. Monatliche Rechnung von der Getränkehandlung Schluck.		
3. Stromrechnung der Stadtwerke, monatlich 120,00 €.		
4. Rico kauft Zigaretten am Automaten.		
5. Mandys Handy-Rechnung.		
6. Gonzo kauft ein PC-Spiel im Elektronikmarkt.		
7. Dixie bestellt ein 10-bändiges Lexikon bei einem Versandhaus.		
8. Rico ersteht eine gebrauchte Hantelbank auf dem Flohmarkt.		
9. Birgit tritt dem Verein der Bilanzbuchhalter bei. Monatsbeitrag: 7,50 €.		
10. Ralf (ohne Konto!) muss 80,00 € für Konzertkarten an einen Veranstalter in Hamburg bezahlen!		
11. Rico bestellt das Nahrungsergänzungsmittel Anabol-Crautin forte bei einem osteuropäischen Internethändler seines Vertrauens.		

168. Arbeitsauftrag:

Mandy hat soeben den nachfolgenden Kontoauszug erhalten. Allerdings sagt ihr der aufgeführte Buchungsposten nichts – eine Rechnung hat sie nie erhalten!

Unterstützen Sie Mandy und geben Sie ihr eine sinnvolle Handlungsempfehlung!

Kontoauszug Bankhaus Bimbes		Datum: 03.06.20..	
IBAN: DE45 3815 0000 4563 7879 23		Kontonummer 4563787923	
Buchung	**Vorgang/Buchungsinformation**	**Wert**	**Umsatz in EUR**
03.06.20..	Lastschrift Phone Bell Rg. 345-657	03.06.	19,95
Dispositionskredit	Kontostand am 28.05.20..		84,37 +
Zinssatz für Dispo Zins gestattete Überziehung	Kontostand am 03.06.20..		64,42 +
Herrn/Frau/Firma			Auszug Nr.
Mandy Meier Laichpfad 234 53604 Bad Honnef			15

169. Arbeitsauftrag:

Die nachfolgenden Begriffspaare sollen die gleiche Beziehung zueinander aufweisen. Ergänzen Sie die passenden Begriffe!

Begriffspaare bilden?! Verstehe: Rico ... toller Typ!

Nachnahme	↔	halbbar
Überweisung	↔	bargeldlos

	↔	Bargeld
Kontoguthaben	↔	

Geldanlage	↔	
	↔	Girokonto

Lastschrift	↔	
	↔	Betrag gleichbleibend

	↔	Skonto
verspätete Zahlung	↔	

Zahlschein	↔	
	↔	niedrige Gebühren

	↔	Widerruf möglich
Überweisung	↔	

	↔	ec-Karte
TAN	↔	

170. Arbeitsauftrag:

Kreuzen Sie an: Richtig oder falsch?

Richtige Antworten werden in ihrer Bedeutung völlig überschätzt!

	Aussagen	richtig	falsch
1.	Die Schufa ist ein Interessenverband für säumige Kreditnehmer.	👍	👎
2.	Die Nachnahme ermöglicht ein Zug-um-Zug-Geschäft ohne Anwesenheit des Verkäufers.	👍	👎
3.	Einer Lastschrift kann der Betroffene bis zu acht Wochen nach der Entdeckung der Belastung widersprechen.	👍	👎
4.	Der Verlust einer Bankkarte ist unproblematisch, da ohne PIN keine Verfügung möglich ist.	👍	👎
5.	Bei unsachgemäßer Aufbewahrung der PIN muss die Bank bei Verlust und Missbrauch keinen Ersatz leisten.	👍	👎
6.	Der Begriff PIN stammt aus den Handlungshinweisen von Banken, diese für alle gut sichtbar an einer Pinnwand zu befestigen.	👍	👎
7.	Banken kontaktieren vor Vergabe eines Kredits die Schufa, um Informationen über das Zahlungsverhalten des Kreditnehmers zu erhalten.	👍	👎
8.	Die TAN ist der höchste außerhalb Asiens zu erreichende Grad einer Kampfsportart, benannt nach dem Großmeister Tanaka Sun.	👍	👎

171. Arbeitsauftrag:

Stellen Sie in der nachfolgenden Übersicht die Vor- und Nachteile des Zahlungsmittels Kreditkarte für Verbraucher und Händler zusammen.

	Verbraucher	Händler
Vorteile		
Nachteile		

Lernfeld 4
Ein Unternehmen plant und entwickelt
sein Leistungsprogramm

4.1 Leistungsprogrammplanung
4.1.1 Unternehmen stellen ihr Sortiment zusammen

Aufmerksamen Lesern der Bad Honnefer Nachrichten fällt heute folgende Anzeige auf:

> Pah, mit unserem Warenangebot und dem Top-Service haben wir nichts zu befürchten!

(Anzeige Bad Honnefer Nachrichten, 15.06.20..)

Supermarkt „Kaufdas" eröffnet nach umfangreichen Modernisierungen neu

Modern, frisch, attraktiv: so präsentieren wir Ihnen die neue *Kaufdas*-Filiale. Der neue Auftritt unseres Marktes bietet Offenheit und Übersichtlichkeit: passgenau zugeschnitten auf die Bedürfnisse unserer Kunden hinsichtlich Einkaufskomfort und Kauferlebnis. Der neue Markt präsentiert sich durch breite Gänge durchlässig, durch den Einsatz freundlicher Farben – kombiniert mit hellem Holz – modern und hochwertig. Das neue, energieeffiziente Beleuchtungskonzept schafft eine angenehme Atmosphäre. Selbsterklärende Symbole und verständliche Hinweise weisen Ihnen jederzeit den Weg, unterschiedliche Farbgebung der Warenbereiche erleichtert Ihnen die Orientierung in unserem breiten Warenangebot. Neben vielen Neuerungen wurde beispielsweise auch die Regalhöhe auf 1,80 Meter gesenkt. Dies erleichtert den Zugriff auf die gewünschten Artikel und gestaltet den Verkaufsraum offener, geräumiger und übersichtlicher.

Wer sich schnell mit Essen versorgen möchte, findet in der Obst- und Gemüseabteilung nun auch das To-go-Sortiment mit vielen kleinen Snacks für unterwegs. Zusammen mit den Waren aus dem Backshop erhalten die Kunden hochwertige Produkte frisch und einfach für den schnellen, kurzen Einkauf oder für den kurzen Imbiss an unserem Snack-Tisch. ...

Mit seinem breiten Angebot an vegetarischen und veganen sowie laktose- und glutenfreien Produkten bietet *Kaufdas* für jeden Ernährungsstil das Passende. ...

Der Getränkeshop wurde deutlich erweitert und bietet ab sofort eine noch größere Auswahl an nichtalkoholischen und alkoholischen Getränken. Auch hier legen wir einen Schwerpunkt auf Produkte der Lieferanten aus der Region. Neben bekannten Markenartikelherstellern finden sich auch zahlreiche Erzeugnisse mittelständischer Unternehmen. So bieten wir beispielsweise Getränke der Streuobstwiesen Rheinbach, Unkeler Mineralwasser oder erlesene Weine der Felsenkellerei Niederdollendorf. ...

Und bei allen Veränderungen können Sie sich auf eines verlassen: wir bleiben günstig!

Vgl. Presseinformation Kaufland, Ludwigsburg 02.06.2017.

> Hmm ..., die Konkurrenz schläft nicht. Unser Sortiment ist immer noch deutlich tiefer und breiter, aber da sind eventuell trotzdem Maßnahmen notwendig.

172. Arbeitsauftrag:

a. Begründen Sie, warum den Kruses als auch Herrn Schluck die Inhalte der Anzeige nicht gefallen.
b. Welche Vorteile bietet der Supermarkt (eventuell) seinen Kunden im Vergleich zum Kiosk und dem Getränkehandel?
c. Herr Schluck spricht vom „Sortiment". Erläutern Sie zunächst in Ihren eigenen Worten diesen Begriff. Beschreiben Sie im Anschluss, was Herr Schluck mit einem „breiten" und einem „tiefen" Sortiment meint. Ergänzen Sie diese Erklärung durch jeweils ein eigenes Beispiel.
d. Entscheiden Sie für die nachfolgenden Unternehmen, ob diese ein enges/breites und flaches/tiefes Sortiment haben (... also: 2 Kreuze notwendig!)

Unternehmen	Breite des Sortiments		Tiefe des Sortiments	
	eng	breit	flach	tief
Amazon				
Aldi				
Mediamarkt				
Gamestop (PC-Spiele)				
Warenhaus Kaufhof				
Bäckerei Kamps				
Milchbauer Wiesinger				

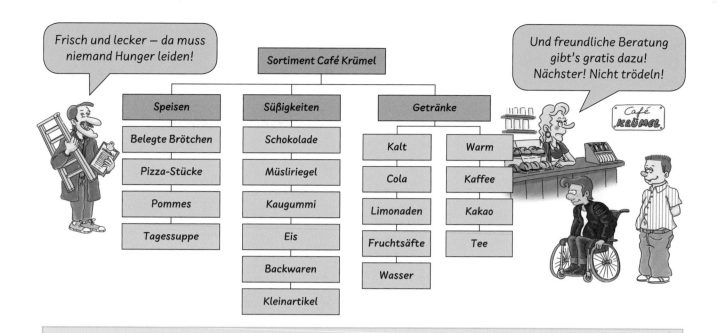

Frisch und lecker – da muss niemand Hunger leiden!

Und freundliche Beratung gibt's gratis dazu! Nächster! Nicht trödeln!

Sortiment Café Krümel

Speisen	Süßigkeiten	Getränke
Belegte Brötchen	Schokolade	
Pizza-Stücke	Müsliriegel	
Pommes	Kaugummi	
Tagessuppe	Eis	
	Backwaren	
	Kleinartikel	

Getränke:

Kalt	Warm
Cola	Kaffee
Limonaden	Kakao
Fruchtsäfte	Tee
Wasser	

173. Arbeitsauftrag:

a. Obenstehend ist das aktuelle Sortiment des Café Krümel abgebildet. Beurteilen Sie, ob es sich um ein enges/breites und flaches/tiefes Sortiment handelt.

b. Die Kruses überlegen, ob sie das Sortiment vergrößern sollen (breiter oder tiefer).
Erstellen Sie eine Liste, welche **Einflussfaktoren** bei einer solchen Entscheidung berücksichtigt werden müssen.

c. Vor einigen Jahren haben sich die Kruses für die Erweiterung des Sortiments um **Fritten, Suppe** und **warme Getränke** entschieden.
Entscheiden Sie begründet, ob es sich hierbei um eine Verbreiterung oder Vertiefung des Sortiments gehandelt hat.

d. Die Entscheidung für Fritten und Suppe ist den Kruses besonders schwergefallen. Begründen Sie, warum dies wohl der Fall war und warum sie sich trotzdem dafür entschieden haben.

e. Machen Sie nun selbst jeweils zwei geeignete Vorschläge für eine weitere Sortimentsverbreiterung und Sortimentsvertiefung.

Unser Sortiment ist natürlich deutlich größer – ca. 1.500 Artikel – Dienstleistungen nicht mitgerechnet. Neben dem **Kernsortiment** fallen ca. 300 Artikel in das **Randsortiment**: der Kunde will es, wir bieten es!

174. Arbeitsauftrag:

a. Unterscheiden Sie die Begriffe Kernsortiment und Randsortiment.

b. Nennen Sie jeweils 5 Beispiele für Artikel des Kern- und Randsortiments einer großen Getränkehandlung.

Kernsortiment	Randsortiment

Leider gut gelungen – der neue Kaufdas!

175. Arbeitsauftrag:

a. In der Anzeige von Kaufdas sind einige Elemente der **Geschäftsraumgestaltung** und **Warenpräsentation** beschrieben. Listen Sie diese auf und sammeln Sie weitere Instrumente, die Ihnen aus eigenen Einkaufserlebnissen in Erinnerung sind.
b. Vergleichen Sie Ihre Ergebnisse mit denen Ihrer Mitschüler und erstellen Sie eine gemeinsame Checkliste.
c. Suchen Sie ein größeres Geschäft Ihrer Wahl auf (z. B. Supermarkt, Bekleidungs-geschäft, Elektronikmarkt). Erfassen Sie mit Hilfe Ihrer Checkliste, welche Elemente der Gestaltung und Präsentation in diesem Geschäft eingesetzt werden, wie das konkret in diesem Geschäft aussieht und welche Wirkung dies aus Ihrer Sicht hat.

Checkliste	Geschäft:	
Instrument/Maßnahme	**Ausgestaltung**	**Wirkung**
• Bodenbelag	Holz	warme, freundliche Atmosphäre
…	…	–

In der Getränkehandlung Schluck herrscht angespannte Stimmung. Frau Radler hat gerade ein unangenehmes Gespräch mit einem Kunden hinter sich.

Das war jetzt die fünfte Beschwerde in dieser Woche, dass man sich in unserem Laden so schwer zurecht findet und so lange für den Einkauf braucht. Das kommt einfach zu häufig vor. Man müsse immer die Getränke suchen und hätte so einen schlechten Überblick im Laden. Oft wird der gewünschte Artikel nicht gefunden und dann wird gefragt. Außerdem wird beklagt, dass man mehrmals hin und zurück laufen müsse.

Da kommt dann halt unser top Beratungs-Service ins Spiel, das baut Kundenbindung auf. Wer so viel Auswahl wie bei uns haben will, muss halt auch mal suchen. Außerdem habe ich im Branchenmagazin gelesen, dass die Kunden mehr kaufen, wenn sie lange im Laden sind.

176. Arbeitsauftrag:

a. Welches Risiko besteht, wenn Herr Schluck auf die Kundenbeschwerden nicht reagiert?
b. Nehmen Sie Stellung zu der Aussage von Herrn Schluck, dass längere Aufenthaltszeiten von Kunden im Geschäft wünschenswert seien.
c. Nennen Sie mögliche Ursachen für den schlechten Überblick und die mangelnde Orientierung in der Getränkehandlung.
d. Unterbreiten Sie Herrn Schluck Vorschläge, wie die Übersichtlichkeit in der Getränkehandlung verbessert werden kann. Nutzen Sie hierzu Ihre Erfahrungen aus Ihrem vorhergehenden Geschäftsbesuch und recherchieren Sie im Schulbuch und/oder Internet.

Howdy, Frau Kruse. Wie immer: Jamaica-Burger, mit einem Hauch ...

... Jalapeño-Sauce! Seufz, ... Konsumenten sind so berechenbare Gewohnheitstiere!

177. Arbeitsauftrag:

Konsumenten zeigen bei ihrem Lauf durch die Geschäfte oftmals übereinstimmende und gleichbleibende Verhaltensweisen. Die Unternehmen versuchen, dies zu berücksichtigen und zu beeinflussen.

Schließen Sie im nachfolgenden Text die Satzlücken mit den angegebenen Begriffen.

Verbraucher zeigen beim Gang durch Supermärkte und andere (größere) Geschäfte oftmals bestimmte _____. So neigen viele dazu, ihre Einkäufe schnell zu erledigen und möglichst _____ im Geschäft zu verbringen. Dies führt dazu, dass gerade die _____ von Geschäften sehr schnell durchlaufen werden. Die dort platzierten Waren werden daher oftmals nur flüchtig wahrgenommen. In Supermärkten werden dort deshalb z. B. _____ und Obst platziert, da die Kunden durch ihr Interesse für diese Waren _____ werden. Grundsätzlich neigen die meisten Konsumenten dazu, im Geschäft links herumzulaufen, d. h. gegen den _____. Dabei orientieren sie sich hinsichtlich ihrer Blick- und _____ vor allem an den Warenregalen, die _____ von ihnen platziert sind („Rechtsdrall"). Die Mittelzonen in Geschäften, Ladenecken und die hinteren Ladenbereiche werden von den Kunden oftmals nicht aufgesucht. Daher zählt man diese Ladenflächen eher zu den _____. Genau entgegengesetzt verhält es sich z. B. bei _____ und der _____. Diese werden vom Kunden gut wahrgenommen und daher als verkaufsstarke Zonen bezeichnet. Einzelhändler versuchen den Laufweg zu beeinflussen z. B. durch Beleuchtung, Bodenbeläge oder die Platzierung bestimmter Waren.

Regalköpfen, Uhrzeigersinn, Eingangszonen, Kassenzone, abgebremst, übereinstimmende Verhaltensweisen, wenig Zeit, Bodenbeläge, Greifrichtung, Beleuchtung, verkaufsschwachen Zonen, Gemüse, rechts

Aus diesen Kenntnissen sollte sich doch was machen lassen.

Das will ich meinen! Menschen wollen geführt werden!

178. Arbeitsauftrag:

a. Erläutern Sie, wie Herr Schluck seine Kunden dazu bringen kann, auch verkaufsschwache Zonen anzusteuern.
b. Nennen Sie ein Beispiel für einen Artikel, den Herr Schluck in einer verkaufsstarken Zone platzieren sollte.

179. Arbeitsauftrag:

Die nachfolgende Skizze zeigt den veränderten Aufbau des Verkaufsshops der Getränkehandlung Schluck.

a. Skizzieren Sie den voraussichtlichen Laufweg der Kunden durch das Geschäft.

b. Kennzeichnen Sie durch Eintragen der Ziffern die verschiedenen Geschäftszonen:
   (1) Eingangszone   (2) Mittelzone   (3) Eckzonen
   (4) Randzonen   (5) Kassenzone   (6) Regalköpfe

c. Schraffieren Sie – am besten mit Buntstiften – die verkaufsaktiven und weniger verkaufsaktiven Zonen im Geschäft. Ihre Entscheidung sollten Sie natürlich begründen können.

d. Muss-Artikel sind alltägliche Waren, die Kunden regelmäßig kaufen (z. B. Nudeln, Butter …). Nennen Sie drei Artikel, die in einem Getränkemarkt in diese Kategorie gehören und entscheiden Sie, in welcher Ladenzone Sie diese platzieren würden.

e. Herr Schluck wird ab nächsten Monat Energy-Drinks anbieten, die eine hohe Gewinnspanne versprechen. Schlagen Sie begründet eine geeignete Platzierung im Verkaufsshop vor.

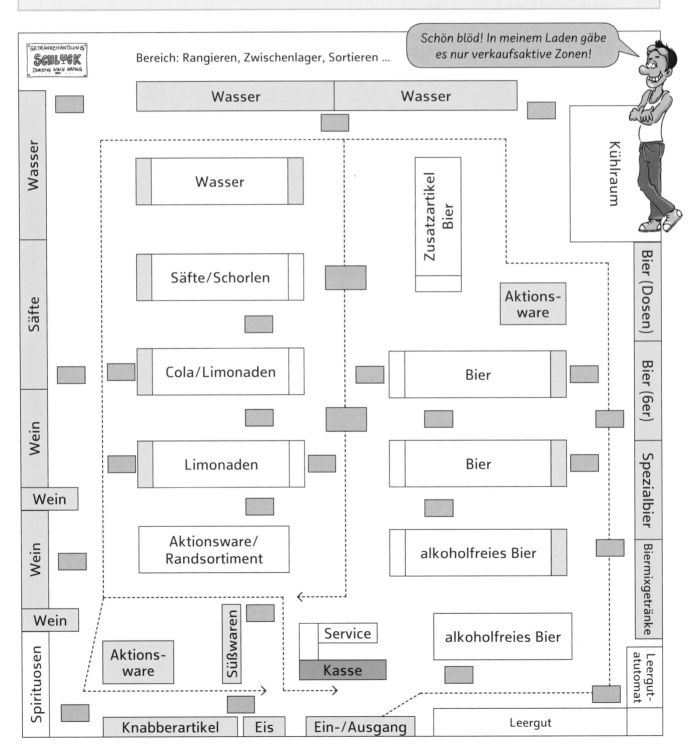

156

Angeregt durch die Veränderungen bei der Konkurrenz hat auch der Schülerkiosk in Einrichtung und Warenpräsent. investiert.

Ah, ihr zwei kommt ja wie gerufen. Die neuen Warenregale müssen noch eingeräumt werden. Die Waren liegen da schon. Und schön die Denkmaschinen einschalten, klaro?!

Yeap, ich denke und Rico räumt!

Wo ist das Problem? Rein damit und fertig!

Skandinavische Fichte – warm und einladend ... und hoffentlich verkaufsfördernd

Höhe 180 cm

	Regalboden 1	
	Regalboden 2	
	Regalboden 3	
	Regalboden 4	

	Bezeichnung der Regalzone	Wertigkeit/ Umsatzstärke (1–4)
Regalboden 1		
Regalboden 2		
Regalboden 3		
Regalboden 4		

Wertigkeit/ Umsatzstärke (1–3)		
links	Mitte	rechts

180. Arbeitsauftrag:

Sie wissen natürlich, dass beim Einräumen der Artikel bestimmte Regeln eingehalten werden sollten. Unterstützen Sie also die beiden Regalprofis bei der Erledigung ihres Auftrages.

a. Notieren Sie in der obigen Regalskizze die üblichen **Bezeichnungen** für die 4 Regalzonen und vergeben Sie eine **Rangfolge** für die **Umsatzstärke** der Zonen: 1 = umsatzstärkste Zone ... 4 = umsatzschwächste Zone
b. Auch bei der **horizontalen** Platzierung im Regal (links – Mitte – rechts) gibt es Unterschiede hinsichtlich der Umsatzstärke. Finden Sie auch hier eine Rangfolge heraus und tragen diese ein. Begründen Sie Ihre Entscheidungen aus „a" und „b".
c. Machen Sie für die nachfolgenden Artikel einen Vorschlag, in welcher Regalzone Sie diese jeweils platzieren würden. Sie sollten Ihre Entscheidung mit Blick auf das grundsätzliche Kundenverhalten und den Artikel natürlich begründen können.

Artikel	Regalboden (1–4)
Ritz-Cola, neu im Sortiment, stark beworben, 1,50 €/0,5 l, gute Gewinnspanne	
Mineralwasser, sehr gefragt; 0,50 €/0,5 l; niedrige Gewinnspanne	
Marken-O-Saft, 1,00 €/0,33 l, Tetra-Pak, mittlere Gewinnspanne, mäßige Nachfrage	
Energy-Drink, 1,20 €/0,25 l, Alu-Dose, gute Gewinnspanne, Nachfrage schwankend	
No-name-Limo, hoher Absatz, (1,00 €/0,7 l), niedrige Gewinnspanne	
Kakao, 0,60 €/0,5 l, starker Absatz, Tetra-Pak, geringe Gewinnspanne	
Reiswaffeln, stabile mittlere Nachfrage, 0,70 €/5 Stck, niedrige Gewinnspanne	
Schokoriegel, sehr bekannt, hohe Nachfrage 0,60 €/Stck.; gute Gewinnspanne	
Schokodoppelkeks, No-name, gute Nachfrage, 0,50 €/5 Stck., gute Gewinnspanne	

Das klappt ja noch überhaupt nicht. Bis morgen auswendig: Regeln der Regalpräsentation!

Das kostet mich eine Woche frei Kaffee und Croissant!

181. Arbeitsauftrag:

Ordnen Sie die Begriffe der linken Spalte den Aussagen zur Regalpräsentation zu. Tragen Sie hierzu die Ziffer des Begriffs hinter die passende Regel ein.

	Begriff		Aussage	Ziffer
1	Warenzustand		Warenbestand muss regelmäßig geprüft werden.	
2	Zustand Warenträger/Regal		Ware muss ohne Probleme entnommen werden können.	
3	Erkennbarkeit der Ware		Neue Ware wird hinter vorhandener Ware einsortiert.	
4	Vermeidung von Unordnung		Warenbezeichnungen und Preisangaben müssen gut sichtbar an der jeweiligen Ware zu lesen sein.	
5	Grifflücken		Nur unbeschädigte und saubere Ware anbieten.	
6	Vollständigkeit Warenbestand		Ware ordentlich stapeln.	
7	einheitliches „Regalbild"		Warenträger müssen regelmäßig gesäubert werden.	
8	Hinweisschilder		Packungsbild in Sichtrichtung des Kunden stellen.	
9	Vermeidung Verderb		Keine großen Lücken im Regal lassen und Artikel nach vorne ziehen.	

182. Arbeitsauftrag:

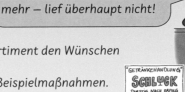

Nein, Mais-Litschi-Cola nicht mehr – lief überhaupt nicht!

In der Getränkehandlung Schluck wird ständig überprüft, ob das Sortiment den Wünschen der der Kunden angepasst werden muss.
Nennen Sie für die angegebenen Sortimentsveränderungen jeweils Beispielmaßnahmen.

Veränderung	Beispiel
Randsortiment wird tiefer	
Kernsortiment wird enger	
Kernsortiment wird flacher	
Randsortiment wird breiter	

183. Arbeitsauftrag:

Entscheiden Sie, ob es sich bei nachfolgenden Ladenbereichen um verkaufsstarke (+) oder verkaufsschwache (−) Zonen handelt.

Kassenzone	Eckzone	Eingangs-bereich	rechte Randzonen	Mittelzone	Auflaufzone	Regalköpfe	Kreuzung Hauptgänge

184. Arbeitsauftrag:

Entscheiden Sie durch Ankreuzen, ob die folgenden Aussagen zum Thema Sortiment und Warenplatzierung richtig oder falsch sind!

	Aussagen	richtig	falsch
1.	Viele Geschäfte bieten Waren auf mehreren Etagen an, oftmals auch im Untergeschoss. Man spricht dann von einem tiefen Sortiment.	👍	👎
2.	Das Kernsortiment beinhaltet die Artikel des eigentlichen Tätigkeitsschwerpunkts des Händlers. Diese Artikel erwartet der Kunde vom Anbieter.	👍	👎
3.	Ab einer Präsentation der Waren in einer Regalbreite von mindestens vier Metern spricht man von einem breiten Sortiment.	👍	👎
4.	Sortimentsbreite beschreibt die Anzahl der verschiedenen Warengruppen, Sortimentstiefe die Artikelauswahl innerhalb der Warengruppen.	👍	👎
5.	Kunden durchlaufen Geschäfte meist erst längst dann quer – der sogenannte Schachbrett-Lauf.	👍	👎
6.	Eingangszonen und breite Gänge werden von Kunden oft schnell durchlaufen.	👍	👎
7.	Durch Beleuchtung, Boden- und Deckengestaltung sowie die Farbwahl kann die Atmosphäre eines Verkaufsraums deutlich beeinflusst werden.	👍	👎
8.	Bei den Regalzonen gilt: je weiter oben, desto umsatzstärker!	👍	👎
9.	Hinweisschilder, farbliche Differenzierung und flachere Regale im Mittelbereich erleichtern Kunden die Orientierung im Geschäft.	👍	👎
10.	Kunden schätzen die Abwechslung. Deshalb werden in großen Lebensmittelgeschäften regelmäßig die Regalplätze der Waren verändert.	👍	👎
11.	Durch die Platzierung von beworbenen Artikeln oder solchen, die von Kunden häufig gekauft werden, können verkaufsschwache Zonen aufgewertet werden.	👍	👎
12.	Ein erfolgreiches Konzept ist das Shop-Labyrinth. Hier werden die Kunden durch enge Gänge und hohe Regale auf beiden Seiten durch den Laden geführt.	👍	👎

Lernfeld 5
Ein Unternehmen bearbeitet Kundenaufträge und führt die Auftragsabwicklung durch

5.1 Leistungserbringung und innerbetriebliche Logistik
5.1.1 Unternehmen prüfen ihre Wareneingänge

Große Pause am Berufskolleg. Lehrer Klamm hat es eilig, denn er möchte unbedingt das vorteilhafte Tagesangebot des Schülerkiosks nutzen: Schokocroissants!

Sooo Verehrteste – bitte drei von den leckeren Schokocroissants aus dem Tagesangebot!

Oh – daraus wird heute nichts. Die Bäckerei hat statt der Croissants Butterhörnchen geliefert. Ist erst gerade aufgefallen. Vielleicht sprechen Sie im Unterricht mal über korrekte Wareneingangsprüfung. Ihr Schülerpersonal zumindest hat hier versagt!

Hausmeister Kruse ist stinkesauer: Er stellt Rico, der die Ware von der Bäckerei Jean Croissants angenommen hat, zur Rede.

Erstens: Was war bestellt?

Zweitens: Was hat der Bäcker geliefert?

Drittens: Augen auf bei der Warenannahme!

Hast du die Ware überhaupt geprüft?

Äh – ja klar. Stand auf dem Karton doch sogar drauf – Croissant. Was soll ich denn da noch groß prüfen!

Das glaub ich jetzt nicht! Du ... Unser Bäcker heißt Croissant , Jean Croissant, und das nicht erst seit gestern!

185. Arbeitsauftrag:

Ja, ja doch – Ihr hättet das natürlich viel besser gemacht, klar ...

Tja, das ist alles nicht wirklich optimal gelaufen. Die Ware falsch, die Annahme der Ware wohl auch eher stümperhaft. Also das muss doch wohl bessergehen. Aber halt, bevor Sie sich jetzt genüsslich zurücklehnen – hätten Sie die Warenprüfung denn anders gemacht?

a. Beschreiben Sie, wie Sie an Ricos Stelle die bestellten Schokocroissants angenommen hätten. Listen Sie hierzu die Arbeitsschritte nacheinander auf.
b. Nun schweigt der Bauch – es spricht der Kopf! Greifen Sie zu einem geeigneten Nachschlagewerk und informieren sich dort, wie eine **ordnungsgemäße Wareneingangsprüfung** aussehen sollte. Vergleichen Sie dies mit Ihrem Bauchgefühl aus Aufgabe a.

186. Arbeitsauftrag:

Ist Ihnen die Unterscheidung in äußere und innere Warenprüfung geläufig?

Nachfolgend finden Sie zahlreiche Arbeitsschritte, die zur äußeren oder inneren Prüfung der Warensendung gehören. Ordnen Sie die jeweiligen Ziffern entsprechend zu.

1
Die Warenprüfung geschieht in Anwesenheit des Frachtführers.

2
Der Inhalt der Sendung wird geprüft. Stimmen Artikel, Mengen, Art und Güte der Warensendung?

3
Die Ware wird ausgepackt!

11
Bei umfangreichen Lieferungen erfolgen mitunter Stichproben.

4
Wurden die Waren bestellt (Vergleich Bestellung und Lieferschein)?

Äußere oder innere Warenprüfung?

10
Die Prüfung erfolgt sofort in Anwesenheit des Frachtführers

5
Ist die Verpackung beschädigt?

9
Stimmen die Anschriften des Absenders und Empfängers auf dem Lieferschein?

6
Die Prüfung erfolgt unverzüglich, zum nächstmöglichen Zeitpunkt!

8
Stimmen Anzahl und Gewicht der Versandstücke mit dem Lieferschein und der Bestellung überein?

7
Ein Schadensprotokoll wird in Anwesenheit des Frachtführers erstellt und von diesem unterschrieben!

Zur äußeren Warenprüfung gehören:

Nr.: ....

Zur inneren Warenprüfung gehören:

Nr.: ....

Hausmeister Kruse war in seiner Eigenschaft als Kioskunternehmer schon früh heute Morgen im Großmarkt.
Mit vollem Kofferraum und voller Rückbank kehrt er zurück und parkt vor dem Lagerraum des Schülerkiosks.

187. Arbeitsauftrag:

Dass Herr Kruse gerne zu spontanen Käufen neigt, sei mal dahingestellt.
Und dass Frau Kruse dies als Verkaufsleitung gar nicht mag — auch das ist jetzt nicht unser Problem.

Denn davon mal abgesehen ist ein Lager schon eine gute Sache — und in einem Handelsbetrieb wie unserem Schülerkiosk auch unbedingt erforderlich. Aber wieso eigentlich?

a. Welches **grundsätzliche** Ziel verfolgt ein Handelsbetrieb mit der Lagerung von Waren?

b. Wenn Sie die obige Szene im Schülerkiosk genau betrachten, wird eine besondere Aufgabe der Lagerhaltung vorteilhaft hervorgehoben. Und es gibt noch weitere davon.
Nennen Sie die **Aufgaben** der Lagerhaltung und versehen Sie diese zur Anschauung jeweils mit einem Beispiel aus dem Kiosk. Kennen Sie nicht? Nachschlagen bitte!

c. Verlassen Sie gedanklich den Kiosk und wählen Sie sich **freie Beispiele für Groß- oder Einzelhandelsbetriebe.** Suchen Sie nun für die genannten **Aufgaben des Lagers** entsprechende **Beispiele.**

Nach der 6. Stunde. Der Ansturm der Mittagspause ist vorüber, aber noch ist nicht Feierabend.

188. Arbeitsauftrag:

Rico ist anscheinend sehr gefragt. Die Getränke im Verkaufsraum müssen aufgefüllt werden. Grund genug, um einmal darüber nachzudenken, wo Ware gelagert werden kann.

a. Welche **Warenlager** nutzt eigentlich der Schülerkiosk **als Beispiel für den Einzelhandel**? Machen Sie sich mal schlau, welche Lagerarten es überhaupt gibt!

b. Bei Ihrer Recherche sind Sie sicherlich noch auf **weitere Lagerarten** gestoßen. Nennen und beschreiben Sie diese doch einmal.

c. Sie kennen doch die **Getränkehandlung Schluck**.
Verdeutlichen Sie die unterschiedlichen Lagerarten am Beispiel dieses Großhandelsbetriebes. Die nachfolgenden Abbildungen helfen Ihnen sicher auf die Sprünge!

Oha, das wird einen dicken blauen Fleck geben. Frau Kruse ist im Lagerraum gestolpert und hat sich ganz böse das Knie gestoßen. Jetzt ist sie auf Hundert – und das ist nie gut!

Mit dem Austausch der Glühbirne ist das wohl nicht getan. Das weiß auch Herr Kruse.
Und er erinnert sich an so manche Beschwerde des Personals:

189. Arbeitsauftrag:

> **Fifo**-Prinzip? Meine Devise im Unterricht heißt:
> Last in und first out!

Da hat Kioskbetreiber Kruse aber noch viel zu tun. Im Lager herrscht das Chaos. Alle guten Grundsätze, nach denen ein Lager organisiert sein soll, werden sträflich vernachlässigt. Das muss sich ändern!

a. Recherchieren Sie die sog. **Lagergrundsätze**, die mit den Ziffern 1 bis 7 vorgegeben sind, in einem geeigneten Nachschlagewerk.
b. Mit neuem Wissen ausgestattet ordnen Sie die Ziffern 1 bis 7 den jeweiligen Beschwerden der Kioskmitarbeiter zu, indem Sie diese in die entsprechenden Kästchen eintragen.
c. Verlassen Sie nun wieder gedanklich den Schülerkiosk und wandern in die Getränkehandlung

> Stopp Sackkarrenfahrer!
> Wie ich sehe, verletzt du
> gerade einen wichtigen
> Lagergrundsatz!

190. Arbeitsauftrag:

Das mit den Lagergrundsätzen ist offenbar noch nicht in allen Köpfen angekommen. Bei Rico zumindest nicht.

a. Gegen welchen Lagergrundsatz verstößt Rico. Und was sollte er besser machen?
b. Beurteilen Sie das Lagerregal im Hinblick auf die Einhaltung von Lagergrundsätzen!
c. Entscheiden Sie in den nachfolgenden Fällen, welche Lagergrundsätze betroffen sind.

Im Lager ist aufgefallen:	Der Lagergrundsatz lautet:
die Filtertüten für die Kaffeemaschine sind wellig	
frische neue Ware immer nach vorne ins Regal	
der Kaffeevorrat versperrt den Zugriff auf die Teebeutel	
das Haltbarkeitsdatum der Salzstangen ist abgelaufen	
das Lagerregal mit den Gläsern und Tassen wackelt	
Schwarzer Tee in Regal 1, Früchtetee in Regal 4, Pfefferminztee steht über den Chips in Regal 5	
der „Harzer Roller"-Käse liegt offen im Kühlschrank	
der Kühlschrank für Käse und Wurst ist 12 Jahre alt	
die großen Konserven mit Obst stehen im Regal ganz oben (2,20 m Höhe). Leider fehlt eine Leiter.	
die Sonne scheint durch das Fenster auf das Frischobst	
Der Feuerlöscher sollte schon letztes Jahr zur Wartung	

191. Arbeitsauftrag:

Ich verabscheue Lücken!

In der nachfolgenden Übersicht sind am Beispiel des Schülerkiosks die Aufgaben des Lagers und die Lagergrundsätze dargestellt.

Setzen Sie die nachfolgenden Suchbegriffe an den richtigen Stellen, damit die hässlichen Lücken verschwinden.

Übersichtlichkeit	Warenpflege	sachgerechte	Veredelung
warengerechte	Preisvorteilen	Umweltschutz	Sicherheit
Umformung	Verkaufsbereitschaft	Geräumigkeit	

Aufgaben der Lagerhaltung	Lagergrundsätze
Ausnutzung von .... **Beispiel:** Ab 50 Brötchen kostet jedes Brötchen bei unserem Lieferer nur noch 30 statt 35 Cent.	.... **Beispiel:** alle Lagerwege sind mit dem Gabelhubwagen befahrbar
Sicherung der .... **Beispiel:** Der Lieferant Eisland beliefert den Schülerkiosk nur alle 14 Tage mit Eiswaren.	.... Einrichtung **Beispiel:** Gabelhubwagen bis max. 2000 kg
Pflege, ... , ... **Beispiel:** Die Bäckerei Croissant liefert Pflaumenkuchen auf dem 60 x 40-Blech. Im Schülerkiosk werden davon 16 Stücke für den Verkauf geschnitten.	.... **Beispiel:** Brandschutztür
	.... **Beispiel:** Kaffee = Regal 3, oberstes Fach
	.... Lagerung **Beispiel:** Das Obst lagert bei max. 15 Grad
	.... **Beispiel:** Käse und Wurst lagern getrennt
	.... **Beispiel:** Obstkisten werden zurückgegeben

Boh ey Chef!

1

Unterscheiden Sie mögliche **Firmenarten**.

Sachlich!

Fantasievoll!

Persönlich!

Bei der Wahl der Firma können **4 Firmenarten** unterschieden werden:

- *Personenfirma* (z. B. Schluck e. Kfm.)
- *Sachfirma* (z. B. Getränkemarkt Rhöndorf GmbH)
- *Gemischte Firma* (z. B. Getränkehandel Schluck e. K.)
- *Fantasiefirma* (Trink & Spar GmbH)

(**Merksatz**: Paul sieht gerne fern.)

2

Regeln bringen Sicherheit! Welche **Vorschriften** müssen bei der **Wahl einer Firma** eingehalten werden?

Bei der **Wahl der Firma** sind bestimmte **Regeln** einzuhalten.

Dies sind die **Grundsätze der** ...

- Firmenwahrheit und Firmenklarheit
- Firmenausschließlichkeit
- Firmenbeständigkeit

3

Was versteht man unter **Firmenschutz**?

Wach-dienst?

Scharfe Hunde?

Firmenschutz bedeutet, dass ...

- ... eine Firma an einem Ort nur von **einem Unternehmen** genutzt werden darf.

- ... neue Firmen anderer Unternehmen sich **deutlich unterscheiden** müssen.

  Schreinerei Span e. K.
  ~~Schreinerei Spahn OHG~~

- ... andere Unternehmen, die den gleichen Namen nutzen, auf **Schadenersatz** verklagt werden können.

4

Kennst du die **Firma** eines Unternehmens, kennst du auch ihre **Rechtsform**.

Orakel scheint wieder eine Vision zu haben. Ich bitte um Erklärung.

In der **Firma** muss die **Rechtsform** des jeweiligen Unternehmens erkennbar sein.
Dies geschieht durch Zusätze:

Einzelunter-nehmung	OHG	GmbH
z. B. Berta Botz e. K.	z. B. Schluck & Öchsle OHG	z. B. Bio-Back GmbH

5

Hier siehst du den **Handelsregister-Auszug** unseres Lieferanten. Welche wichtigen **Informationen** findest du hier über ihn?

Im **Handelsregister** werden wesentliche Merkmale aller Kaufleute eines Bezirks vermerkt, z. B.

- Firma
- Rechtsform
- Gesellschafter
- Kapital/Haftung

Diese werden veröffentlicht und können eingesehen werden.

6

Trainings-Einheit „Fachbegriffe"! Erklären Sie, was man unter **Geschäftsführung** versteht.

Das Recht auf **Geschäftsführung** bedeutet, innerhalb des Unternehmens Entscheidungen treffen zu dürfen, wie z. B.:

- Änderung des Sortiments,
- Neugestaltung der Verkaufsräume,
- Erhöhung der Verkaufspreise, ...

Geschäfts-führung

7

Vertretung? Das könnte Ihnen so passen! Was verstehen denn Kaufleute unter **Vertretung**?

Die **Vertretungsmacht** betrifft das **Außenverhältnis** des Unternehmens. Es ist das Recht, gegenüber Außenstehenden Erklärungen abgeben oder Handlungen vornehmen zu können, wie z. B.:

- Abschluss von Verträgen (z. B. Kauf von Waren),
- Vertretung vor Gericht, ...

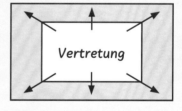

Vertretung

8

Einzelunternehmung? Für mich eine klare Entscheidung – aber nichts für Zweifler und Zauderer! Grenzen Sie **Vor-** und **Nachteile** dieser Unternehmensform ab!

Der **Einzelunternehmer** ist grundsätzlich für alle Vorgänge in seinem Unternehmen alleine verantwortlich. Dies hat Vor- und Nachteile.

Vorteile	Nachteile
• Er kann schnell und ohne Beeinflussung entscheiden.	• Er trägt alleine das volle Unternehmerrisiko.
• Er entscheidet alleine über die Verwendung des Gewinns.	• Er haftet auch mit seinem Privatvermögen.
	• Er ist alleine für die Aufbringung des Kapitals verantwortlich.

9

Einzelunternehmer (m) sucht zuverlässigen, solventen Partner (m/w) zwecks gemeinsamer Zukunft.

Beschreiben Sie die Vorteile einer **Gemeinschafts- unternehmung**!

Für die Gründung von **Unternehmen mit mehreren Gesellschaftern** sprechen wichtige Gründe, wie z. B.:

- die Aufteilung der Arbeit, der Entscheidungen und der Verantwortung,
- die gemeinsame Übernahme des Unternehmerrisikos,
- die Aufbringung von mehr Eigenkapital,
- bessere Chancen für die Aufnahme von Fremdkapital wegen der Haftung mehrerer Personen, ...

10

So, mein lieber Ralf, stellen Sie bitte einmal die 3 wesentlichen Merkmale der **Haftung von OHG-Gesellschaftern dar**!

Ähh, ...gerne!

OHG-Gesellschafter müssen großes Vertrauen zu ihren Mitgesellschaftern haben. Sie haften für die Schulden der Gesellschaft, nämlich ...

1. unbeschränkt,
   d. h. neben dem Gesellschaftsvermögen mit ihrem **gesamten Privatvermögen**.
2. gesamtschuldnerisch,
   d. h. für die **gesamten Schulden der OHG**.
   Sie können keine Aufteilung auf die Gesellschafter verlangen.
3. unmittelbar,
   d. h., die Gläubiger können direkt von **einzelnen Gesellschaftern** die Zahlung der Schuld verlangen.

11

Ich kann es gar nicht oft genug hören! Informieren Sie mich doch bitte noch einmal über meinen Anteil am **Gewinn** einer OHG.

Für die **Verteilung des Gewinns** in einer **OHG** gilt gemäß HGB die folgende Regel:

1. Schritt	2. Schritt
Gesellschafter erhalten **4 %** auf ihren jeweiligen Kapitalanteil.	Verbleibender **Rest- gewinn** wird **nach Köpfen** auf die Gesell- schafter verteilt.

Die Gesellschafter können aber im Gesellschafts- vertrag andere Regelungen vereinbaren.

12

Hier wird Ihr voller Einsatz erwartet! Informieren Sie sich über die **Erwartungen an einen OHG-Gesellschafter** und die damit verbundenen **Befugnisse**.

Aber gerne!

Von **OHG-Gesellschaftern** wird persönlicher Einsatz und die Führung des Unternehmens erwartet. Deshalb haben sie grundsätzlich

- Einzelgeschäftsführungsbefugnis
- Alleinvertretungsmacht

Abweichungen hiervon können unter den Gesell- schaftern vereinbart werden.
Einschränkungen der Vertretungsmacht müssen dann allerdings im **Handelsregister** öffentlich gemacht werden.

13

Für Investitionen braucht man Kapital! Nenne mir doch einmal Unternehmensmerkmale, die die **Beschaffung von Kapital** erleichtern!

Für die **Aufbringung des notwendigen Kapitals** in einer Unternehmung gilt grundsätzlich:

Bilanz

EK

FK

Aufbringung von Eigenkapital:
- *mehr Gesellschafter → mehr Eigenkapital*

Aufbringung von **Fremdkapital** (z. B. Bankkredite) ist leichter bei
- *unbeschränkter Haftung der Gesellschafter,*
- *hohem Haftungskapital der Unternehmung.*

14

Beschreiben Sie die **Leitungsbefugnisse** in einer GmbH.

In einer **GmbH** werden die **Geschäftsführung** und die **Vertretung** von einem oder mehreren **Geschäftsführern** übernommen.

Die Position des Geschäftsführers kann übernommen werden von

- *Gesellschaftern,*
- *angestellten Geschäftsführern.*

Die „Bestellung" oder „Abberufung" der Geschäftsführer erfolgt in der Gesellschafterversammlung.

15

Dies würde mich deutlich ruhiger schlafen lassen! Erläutern Sie auch meinem Mann die Grundzüge der **Haftung** in einer **GmbH**.

Für die Gesellschafter einer **GmbH** liegt ein besonderer Reiz in der **beschränkten Haftung**:

- *Für Schulden der GmbH haftet nämlich nur das Gesellschaftsvermögen.*
- *Das Risiko der Gesellschafter wird damit auf ihre Stammeinlage begrenzt.*

Das private Vermögen der Gesellschafter bleibt also unangetastet.

16

Als Kapitalgeber will ich auch mitreden! Welche **Mitbestimmungsrechte** hätte ich denn als **Gesellschafter** einer **GmbH**?

Die **Gesellschafter** einer **GmbH** haben **besondere Rechte**. Diese nehmen sie in der **Gesellschafterversammlung** wahr.

Hierzu gehören u. a. :
- *Bestellung und Abberufung der Geschäftsführer,*
- *Regeln zur Überwachung der Geschäftsführer,*
- *Verwendung des Gewinns, ...*

→ **50,00 € GmbH-Anteil = 1 Stimme**

17

Einlinensystem:
Ein Mitarbeiter kann nur von **einer** übergeordneten Stelle Aufträge oder Anweisungen erhalten.

Mehrliniensystem:
Ein Mitarbeiter kann von **mehreren** übergeordneten Stellen Aufträge oder Anweisungen erhalten. Der Weg ist kürzer, Abstimmungen gehen schneller, aber es kann auch zu Problemen zwischen den Abstimmungen kommen.

18

In einer **Stellenbeschreibung** werden die wesentlichen Merkmale einer Stelle beschrieben:

- Bezeichnung der Stelle
- Stelleninhaber
- Einordnung (Unterstellung, Überstellung)
- Stellvertreter
- Aufgaben und Kompetenzen
- Anforderungen (persönlich, fachlich).

19

Eine **Handlungsvollmacht** berechtigt zu Rechtsgeschäften, die der Betrieb eines Handelsgewerbes **gewöhnlich** mit sich bringt.

Sie kann **ohne Formvorschrift** mündlich, schriftlich oder stillschweigend erteilt werden.

Man unterscheidet
- *Generalhandlungsvollmacht* für alle üblichen Geschäfte des Betriebes,
- *Artvollmacht* für eine bestimmte Art von Rechtsgeschäften,
- *Einzelvollmacht* für ein einzelnes Rechtsgeschäft.

Unterschriftzusatz:
i. V. (in Vertretung) oder i. A. (im Auftrag)

20

Prokura ist die **umfassendste Vollmacht**, die zu allen Rechtgeschäften ermächtigt, die der Betrieb eines Handelsgewerbes mit sich bringt.

Sie wird in das **Handelsregister** eingetragen.

Man unterscheidet
- *Gesamtprokura*, mehrere Prokuristen können nur gemeinsam handeln,
- *Einzelprokura*, ein Prokurist vertritt alleine das Unternehmen.

Unterschriftzusatz:
ppa. (per procura)

21

Autoritärer Führungsstil:

Der Vorgesetzte
- entscheidet allein und ordnet an,
- übernimmt alleine wichtige Aufgaben,
- trägt alleine die Verantwortung,
- lässt seine Mitarbeiter nicht mitbestimmen.

Kooperativer Führungsstil:

Der Vorgesetzte
- entscheidet gemeinsam mit Mitarbeitern,
- gibt Aufgaben an Mitarbeiter ab,
- überträgt Mitarbeitern Verantwortung,
- lässt Mitarbeiter mitbestimmen.

22

Unternehmen verfolgen Ziele:

→ Sachziele

→ Wirtschaftliche Ziele

→ Soziale Ziele

→ Ökologische Ziele

23

Sachziele geben den sachlichen Inhalt bzw. den sachlichen Zweck eines Unternehmens an.

Beispiel:
Der Schülerkiosk bezieht seine Wurstwaren von der Metzgerei Haxe.

→ Das **Sachziel** der Metzgerei Haxe ist die **Herstellung von Wurstwaren aller Art**.

24

Wirtschaftliche Ziele werden über die Umsetzung der Sachziele verwirklicht. Wirtschaftliche Ziele sind den Sachzielen übergeordnet.

Beispiel:
Die Bäckerei Croissant stellt Backwaren aller Art her (Sachziel), um damit Gewinn zu erzielen (wirtschaftliches Ziel).

Andere **wirtschaftliche Ziele** sind z. B.:
- Verzinsung des eingesetzten Kapitals,
- Festigung und/oder Ausweitung der Marktstellung/Marktanteile.

25

Schon gehört? Unternehmen verfolgen **soziale Ziele**.

Ach ja?

Unternehmen verfolgen soziale Ziele. Diese beziehen sich vor allem auf die **Mitarbeiter**.

Beispiel:
Die Bäckerei Croissant bietet ihren Mitarbeitern ein Job-Ticket an.

Auch die Übernahme sozialer Verantwortung gegenüber bestimmten **gesellschaftlichen Gruppen** ist Ausdruck sozialer Ziele.

Beispiel:
Für das Schulpraktikum stellt die Bäckerei Croissant alljährlich drei Praktikantenplätze zur Verfügung.

26

Unternehmen verfolgen **ökologische Ziele**.

Hübsches Ding!

Ökologische Ziele stehen für die Verantwortung der Unternehmen zur Erhaltung einer intakten Umwelt.

Beispiel:
Die Bäckerei Croissant verarbeitet in ihrem Obstkuchen nur Früchte aus der Region. Da die Transportwege dadurch kürzer sind, wird Energie eingespart (Äpfel aus dem Siebengebirge statt aus Neuseeland).

27

Ich höre immer **Zielbündel**! Was ist denn damit gemeint?

Äh, ich höre nichts!

Unternehmen verfolgen gleichzeitig mehrere Ziele. Diese **Zielbündel** verändern sich mitunter in ihrer Bedeutsamkeit und einige Ziele werden im Vergleich zu anderen Zielen stärker oder schwächer betont.

Beispiel:
Als Bäcker Croissant vor Jahren sein Geschäft eröffnete, musste er sich gegenüber der Konkurrenz behaupten. Um die Kosten gering zu halten (**wirtschaftliches Ziel**), zahlten auch die Mitarbeiter den vollen Preis für die Backwaren. Heute erhalten sie einen Rabatt. Das Betriebsklima ist seitdem deutlich besser (**soziales Ziel**)!

28

Werner, was verstehst du unter **Wirtschaftlichkeit**?

Wirtschaftlichkeit:
Die Wirtschaftlichkeit lässt sich aus dem **Verhältnis der Erträge** (Leistung) **zu den Aufwendungen** (Kosten) mit folgender Formel ermitteln:

$$\text{Wirtschaftlichkeit} = \frac{\text{Erträge}}{\text{Aufwendungen}}$$

Je höher das Ergebnis, desto wirtschaftlicher hat das Unternehmen gearbeitet.

29

Erkäre mir mal **Eigenkapitalrentabilität**, Werner!

Eigenkapitalrentabilität:
Zur Berechnung der Eigenkapitalrentabilität benötigt man die **Höhe des Gewinns** und die **Höhe des** eingesetzten **Eigenkapitals**.

$$\text{Eigenkapitalrentabilität} = \frac{\text{Gewinn} \cdot 100}{\text{Eigenkapital}}$$

Je höher das Ergebnis, desto höher ist der Zinssatz, mit dem das eingesetzte Eigenkapital verzinst wurde.

30

Was versteht ihr beiden denn unter **Arbeitsproduktivität**???

Arbeitsproduktivität:
Bei der Arbeitsproduktivität wird z. B. die **erbrachte Leistung** (Ausbringungsmenge) dem **notwendigen Zeitaufwand** (Einsatzmenge) gegenüber gestellt.

$$\text{Arbeitsproduktivität} = \frac{\text{Leistung}}{\text{Zeitaufwand}}$$

Je höher das Ergebnis, desto höher ist die Produktivität der Arbeit.

31

Was verstehst du unter **Beschaffungsplanung**?

Die **Aufgabe der Beschaffungsplanung** besteht darin, die richtige Ware in der notwendigen Qualität und Menge zum richtigen Zeitpunkt und zum günstigsten Preis zu beschaffen.

- Welche Ware soll beschafft werden?
  = Sortimentsplanung
- Wie viel Ware soll beschafft werden?
  = Mengenplanung
- Wann soll die Ware beschafft werden?
  = Zeitplanung
- Zu welchem Preis soll die Ware beschafft werden?
  = Preisplanung

32

Mündliche Leistungsüberprüfung! Welche **internen** Quellen kann die Abteilung Einkauf nutzen, um geeignete Lieferanten zu finden?

Cool!

Äffz!

Die **Lieferantenkartei** ist nach Lieferanten geordnet und zeigt für die aufgeführten Lieferanten die lieferbaren Warengruppen auf.

Die **Warenkartei** ist nach Warengruppen geordnet und zeigt für die aufgeführten Waren die möglichen Lieferanten.

33

Raus damit: Welche **externen** Quellen kann die Abteilung Einkauf nutzen, um geeignete Lieferanten zu finden?

- Auf Messen und Ausstellungen werden Waren besonders anschaulich dargeboten. Neuigkeiten werden vorgestellt und es besteht die Möglichkeit zu persönlichen Kontakten.
- *Vertreterbesuche* ermöglichen einen persönlichen Kontakt und den direkten Austausch von Informationen.
- *Auskünfte der Industrie- und Handelskammern*
- *Branchenverzeichnisse*
- *Lieferantenverzeichnisse*
  (z. B.: „ABC der deutschen Wirtschaft", „Wer liefert was?")
- *Fachzeitschriften*
- *Kataloge und Prospekte*

34

Was ist eine **unbestimmte Anfrage**?

Hundsgemeine Frage, was?

Bei einer **unbestimmten Anfrage** bestehen hinsichtlich der zu beschaffenden Ware noch viele Fragen.

Es wird ganz **allgemein** angefragt, um die verschiedenen Informationen einzuholen.

35

Was ist eine **bestimmte Anfrage**?

Also, wenn Sie mich so bestimmt fragen ...

Bei einer **bestimmten Anfrage** kann die Ware, die beschafft werden soll, genau beschrieben werden (z. B. Qualität).

36

Ich frage Sie ohne Umschweife: Welche **rechtliche Bedeutung** hat eine **Anfrage**?

Eine **Anfrage** ist rechtlich **unverbindlich** und begründet keinen Anspruch auf Abschluss eines Kaufvertrages.

Sie ist lediglich eine **Aufforderung** zur **Abgabe** eines **Angebotes**!

37

*Welche Aspekte werden im **Angebotsvergleich** berücksichtigt?*

1. Rechnerischer Angebotsvergleich
- Preis unter Berücksichtigung von Nachlässen (Rabatte, Boni, Skonti) und Bezugskosten

2. Qualitativer Angebotsvergleich:
- Qualität der Ware (Warengüte)
- Lieferzeit der Ware, z. B. bei Saisongeschäften
- Zuverlässigkeit des Lieferanten (ggf. Erfahrungen in der Vergangenheit, Referenzen einholen!)
- Kreditgewährung (gewährt der Lieferer ein Zahlungsziel?)
- Service (besondere Garantien, Rücknahme von Verpackung, Kulanz)
- Ökologie (umweltgerechte Produktion, Transport und Verpackung der Waren)

38

Zieleinkaufspreis

Bareinkaufspreis

Bezugspreis

Listeneinkaufspreis

*Gestalten Sie die Stufen einer **Bezugskalkulation**!*

Listeneinkaufspreis
− **Liefererrabatt**
= Zieleinkaufspreis (= Warennettowert)
− **Liefererskonto**
= Bareinkaufspreis
+ Bezugskosten
= Bezugspreis (= Einstandspreis)

39

*Was ist ein **Rabatt**? Welche **Rabattarten** kennen Sie?*

"GETRÄNKEHANDLUNG" SCHLUCK DURSTIG NACH ERFOLG

Rabatte:

Ein Rabatt ist ein **Nachlass vom Listeneinkaufspreis** einer Ware. Es gibt viele Rabattarten, z. B.:

Mengenrabatt	bei Abnahme großer Mengen
Treuerabatt	für langjährige Kunden
Naturalrabatt	**Draufgabe:** Man kauft 10 Stück und bekommt 1 Stück zusätzlich.
	Dreingabe: Man kauft 10 Stück und bezahlt nur 9.
Sonderrabatte	Jubiläumsrabatt, Aktionsrabatt, Saisonrabatt, Erstbestellerrabatt,...

40

*Was ist **Skonto**?*

5 – 4 – 3 ... .

Skonto

ist ein Nachlass auf den Rechnungsbetrag, wenn der Kunde die Rechnung vorzeitig bezahlt. Er verzichtet dabei auf den im Zielgeschäft eingeräumten Kredit.

41

Bonus

ist ein nachträglich gewährter Rabatt nach Ablauf eines Rechnungszeitraumes (z. B. Quartal, Halbjahr) aufgrund der in dieser Zeit erzielten Umsätze.

42

Gütezeichen garantieren Mindestqualität und werden vergeben, wenn Gütebedingungen erfüllt sind (z. B. Echt Leder).

Schutz- und Prüfzeichen garantieren den Mindestsicherheitsstandard von Waren und die Einhaltung von DIN-Normen.

Herkunftszeichen geben Auskunft über die Herkunft der Ware (z. B. Weine).

Stiftung Warentest führt als ein unabhängiges Institut vergleichende Waren- und Dienstleistungsuntersuchungen durch.

43

Lieferzeit:

Gesetzliche Regelung:
Der Käufer kann **sofortige Lieferung** verlangen, der Verkäufer muss sofort liefern (Tages- oder Sofortkauf). § 271 BGB

Vertragliche Regelung:
- **Terminkauf:** Lieferung innerhalb einer bestimmten Frist (z. B. Lieferung **innerhalb von** 30 Tagen, Lieferung **bis** 15.9.)
- **Fixkauf:** Lieferung zu einem kalendermäßig festgelegten Zeitpunkt (z. B. Lieferung **am** 15.9.)
- **Kauf auf Abruf:** Der Käufer ordert die Ware bei Bedarf.

44

Verpackungskosten:

Gesetzliche Regelung:
Der **Käufer trägt die Kosten** der Versandverpackung. § 448 BGB, § 380 HGB

Vertragliche Regelungen sind möglich.

45

*Kennen Sie sich mit den **Zahlungsbedingungen** aus? Na, dann los …!*

Zahlungsbedingungen:

Gesetzliche Regelung:
Der **Käufer muss** die Ware **sofort bezahlen** (Zug-um-Zug-Geschäft).
Der Käufer trägt die Kosten und die Gefahr der Geldübermittlung. **Geldschulden sind Schickschulden!** §§ 270 f. BGB, § 433 II BGB.

Vertragliche Regelung:
- **Zahlung vor der Lieferung:** Anzahlung, Vorauszahlung
- **Zahlung nach der Lieferung:** Zielkauf, Ratenkauf

46

*Welche **Beförderungskosten** soll ich vereinbaren?*

Beförderungskosten:

Gesetzliche Regelung:
Der **Käufer trägt** beim Versendungskauf alle entstehenden **Beförderungskosten** ab der Versandstation **(unfrei)**. § 447 I BGB

Vertragliche Regelung
- **ab Werk**
- **frei Waggon, frei Schiff**
- **frachtfrei**
- **frei Haus**

47

*Ich frage hier und jetzt: Wozu dienen **Freizeichnungsklauseln**?*

*Und kommen Sie mir nicht ohne **Beispiele**!*

Angebote sind grundsätzlich verbindlich. Möchte der Verkäufer jedoch die **Angebotsbindung einschränken** oder sogar **ausschließen**, so formuliert er in seinem Angebot sogenannte **Freizeichnungsklauseln**:

- solange Vorrat reicht
- freibleibend
- ohne Gewähr
- Preise freibleibend
- Lieferzeit freibleibend

48

Wann ist der Verkäufer nicht mehr an sein Angebot gebunden?

Der Verkäufer ist **nicht** mehr an sein Angebot **gebunden**, wenn

- der **Kunde** das Angebot **abändert**,
- der **Verkäufer** das Angebot **rechtzeitig widerruft**,
- der **Kunde** zu spät bestellt,
- der **Kunde** das Angebot **ablehnt**.

49

> Was ist der **Erfüllungsort** und wo befindet er sich?

Erfüllungsort:

Erfüllungsort ist der Ort, an dem die beiden Vertragspartner ihre Pflichten aus dem Kaufvertrag erfüllen.

Gesetzliche Regelung:
Der Erfüllungsort für die Warenlieferung ist der Sitz des Verkäufers.

Vertragliche Regelung:
Im Kaufvertrag kann ein vom Gesetz abweichender Ort vereinbart werden.

50

> Was wissen Sie über den **Gerichtsstand**?

Gerichtsstand:

Gesetzliche Regelung
- Gerichtsstand für Streit aus der **Warenlieferung** (Warenschuld) ist der **Sitz des Verkäufers**.
- Gerichtsstand für Streit um die **Bezahlung** (Geldschuld) ist der **Sitz des Käufers**.

Vertragliche Regelung:
Abweichungen sind nur beim zweiseitigen Handelskauf möglich, also wenn beide Vertragspartner Kaufleute sind.

51

> Was ist eine **Willenserklärung**?

> Ompf!

Eine **Willenserklärung** ist eine rechtlich wirksame Äußerung einer **geschäftsfähigen** Person.

Hierdurch wird bewusst eine **Rechtsfolge** (z. B. ein Kaufvertrag) herbeigeführt:

„Ich möchte diese CD kaufen!"
„Ich möchte diese CD verkaufen!"

52

> Was sind **Rechtsgeschäfte**?

Rechtsgeschäfte kommen durch

Willenserklärungen

einer oder *mehrerer* **Personen** zustande.

53

Welche **Arten** von **Rechtsgeschäften** gibt es?

Mmh – geschickte Taktik zur Zeitgewinnung: Er wiederholt die Frage!

Einseitige Rechtsgeschäfte

Die **Willenserklärung** *einer* **Person** ist ausreichend:
- bei Abfassung eines Testaments,
- bei einer Mahnung,
- bei der Kündigung eines Vertrags, …

Zweiseitige Rechtsgeschäfte

Übereinstimmende **Willenserklärungen** *zweier* oder *mehrerer* **Personen** sind erforderlich:
- Verträge aller Art

54

Gerechtigkeit erfährt der Tüchtige! Also: Welche **rechtliche Bedeutung** hat ein **Angebot**?

Ein **Angebot** ist eine **schriftlich** oder **mündlich** an eine bestimmte Person gerichtete **verbindliche Willenserklärung** (Antrag).

Der Verkäufer erklärt darin, Waren zu den angegebenen Bedingungen zu verkaufen.

55

Hey Ladys!

Was haben alle Verträge **gemeinsam**?

Alle **Verträge** entstehen durch **Antrag** und **Annahme**.

Die zuerst abgegebene Willenserklärung ist der **Antrag**, die zustimmende Willenserklärung ist die **Annahme**.

Antrag und Annahme können von **jedem** Vertragspartner ausgehen!

56

Erkläre mir **Antrag** und **Annahme** am Beispiel des Kaufvertrags!

Ähm, …

Beispiel 1:

Verkäufer		Käufer
Angebot		Bestellung
= Antrag		= Annahme

Beispiel 2:

Käufer		Verkäufer
Bestellung		Auftragsbestätigung
= Antrag		= Annahme

57

> Als **Käufer** habe ich die Pflicht ...

> Und als **Verkäufer** habe ich die Pflicht ...

Für den Verkäufer und den Käufer ergeben sich aus dem Kaufvertrag Rechte und Pflichten. Mit dem Abschluss des Kaufvertrages **(Verpflichtungsgeschäft)** verpflichten sich beide, diesen Vertrag zu erfüllen **(Erfüllungsgeschäft)**.

Pflicht des Verkäufers
* Er verpflichtet sich, die Ware **rechtzeitig** und **ohne Mängel** zu liefern.
* Er verpflichtet sich, den **Kaufpreis anzunehmen**.

Pflicht des Käufers:
* Er verpflichtet sich, die **Ware anzunehmen**.
* Er verpflichtet sich, den vereinbarten **Kaufpreis rechtzeitig zu zahlen**.

58

> Was bedeutet die **Abkürzung AGB** und was ist das, Ralf?

> Wie einfach!

Allgemeine Geschäftsbedingungen (AGB):

In Kaufverträgen werden viele Inhalte vereinbart. Um Zeit zu sparen, werden viele dieser Inhalte schon vorher vom Verkäufer in den AGB festgelegt, in dem sog. „Kleingedruckten".

AGB sind also
* **vorformulierte Vertragsbedingungen**,
* die für viele Verträge gelten sollen,
* und nicht jedes mal neu formuliert werden müssen.

Werden **persönliche Absprachen** zwischen Verkäufer und Käufer getroffen, so haben diese immer **Vorrang vor den AGB**.

59

> Wie sieht es mit der **Prüfungs- und Rügepflicht des Käufers** aus?

Prüfungs- und Rügepflicht des Käufers:

Stellt der Käufer Mängel fest, muss er dem Verkäufer eine **Mängelrüge** zukommen lassen.

Zweiseitiger Handelskauf:
* **Offener Mangel:** unverzüglich rügen.
* **Versteckter Mangel:** unverzüglich nach Entdeckung, spätestens vor Ablauf von zwei Jahren rügen.
* **Arglistig verschwiegener Mangel:** unverzüglich nach Entdeckung innerhalb von drei Jahren rügen.

Einseitiger Handelskauf:
Der Käufer hat bei offenen und versteckten Mängeln bei Neuwaren zwei Jahre Zeit.

60

> Also bitte jetzt! Nennen Sie die unterschiedlichen **Mängelarten** bei einer Warenlieferung!

> Er meint **Sie**!

Mängelarten:

Sachmängel	Rechtsmängel
• Mangel in der Menge (Quantität)	• Ware ist durch Rechte anderer belastet
• Mangel in der Art (Falschlieferung)	
• fehlerhafte Ware, Montagefehler, mangelhafte Montageanleitung	
• falsche Werbeversprechungen, falsche Kennzeichnungen	

61

> Wie **erkennt** man eigentlich **Mängel**, Mandy?

Erkennbarkeit der Mängel

- *Offener Mangel:*
  Der Mangel ist bei der Warenprüfung sofort erkennbar.

- *Versteckter Mangel:*
  Der Mangel ist nicht sofort festzustellen, sondern zeigt sich erst später, z. B. nach längerer Benutzung.

- *Arglistig verschwiegener Mangel:*
  Der Verkäufer kannte den Mangel, hat ihn aber bewusst verschwiegen.

62

> Aufwärmfrage: die **Rechte des Käufers** aus der Schlechtleistung!

> Tja – wo fange ich da an?!

Aus der **Mängelrüge** kann der Käufer zunächst nur das Recht auf **Nacherfüllung** geltend machen: wahlweise Ersatzlieferung (nur bei sog. Gattungskauf) oder Nachbesserung (= Nacherfüllung).

Scheitert die Nacherfüllung, so hat der Käufer wahlweise nachfolgende Rechte:
- *Minderung des Kaufpreises (Preisnachlass)*
- *Rücktritt vom Kaufvertrag*
- *Rücktritt vom Kaufvertrag und Schadenersatz (bei einem nachweisbaren Schaden und Verschulden des Verkäufers)*

63

> Haxe ist im **Lieferungsverzug!**

> Die **Voraussetzungen** sind nochmal … ???

Voraussetzungen des Lieferungsverzugs:

1. **Fälligkeit**, d. h. die Forderung muss fällig sein. Der Verkäufer hat seine im Kaufvertrag vereinbarte Leistung (hier: Lieferung) **nicht rechtzeitig** erbracht.

2. **Mahnung**, d. h. die ausstehende Lieferung wurde angemahnt. Die Mahnung ist **nicht erforderlich**, wenn
   - der Liefertermin kalendermäßig **genau fixiert** ist.
   - der Verkäufer die **Lieferung verweigert** (Selbstinverzugsetzung).
   - ein **Zweckkauf** vorliegt (Zweck des Kaufs entfällt).

3. **Verschulden**, d. h. der Verkäufer hat vorsätzlich oder fahrlässig gehandelt (Ausnahme: Höhere Gewalt).

64

> Welche **Rechte** hat der Käufer beim **Lieferungsverzug?**

Rechte des Käufers bei Lieferungsverzug:

1. *Ohne Setzen einer Nachfrist*, der Käufer kann
   - die **Lieferung verlangen** oder
   - die **Lieferung** und **Schadenersatz** wegen verspäteter Lieferung (Verzögerungsschaden) verlangen.

2. *Mit Setzen einer Nachfrist*, der Käufer kann
   - die **Lieferung ablehnen** und vom Kaufvertrag **zurücktreten**.
   - die **Lieferung ablehnen**, vom Kaufvertrag **zurücktreten** und **Schadenersatz** statt Leistung (Nichterfüllungsschaden) verlangen.
   - die **Lieferung ablehnen**, vom Kaufvertrag **zurücktreten** und **Ersatz vergeblicher Aufwendungen** verlangen.

65

Unterscheiden Sie die **Lagerkennzahlen** (Lagerkennziffern)!

Lagerbestandsdaten:

- Höchstbestand
- Mindestbestand
- Meldebestand
- Durchschnittlicher Lagerbestand

66

Test! Erläutere mir den **Höchstbestand**!

Technischer Höchstbestand:

Jedes Lager hat eine begrenzte Lagerkapazität, d. h. es kann nur eine beschränkte Anzahl von Gütern gelagert werden.

Wirtschaftlicher Höchstbestand:

Das Kapital, das zur Vorratshaltung zur Verfügung steht, beschränkt die Menge der gelagerten Güter.

67

Ooofz!

Stopp! Was ist der **Mindestbestand**?

Der **Mindestbestand** („eiserne Reserve") soll die Verkaufsbereitschaft sichern, wenn durch unvorhersehbare Ereignisse der Vorrat nicht ausreicht, um die Kundennachfrage zu decken, z. B. bei:

- Streik,
- schlechter Witterung, …

68

Nä ne!

Halt! Was ist der **Meldebestand**?

Von der Bestellung der Ware bis zum Eintreffen der neuen Ware im Lager vergeht Zeit (Lieferzeit, Warenprüfung). Während dieser Zeit muss der Verkauf weitergehen. Daher wird bereits bestellt, wenn der Mindestbestand noch nicht erreicht ist.

Der Lagerbestand, bei dem nachbestellt werden muss, um die Lieferzeit zu überbrücken, heißt **Meldebestand**.

69

So Herrschaften! In welchem **Verhältnis** stehen **Höchst-, Mindest- und Meldebestand**?

Ich, ich! Also …

Höchstbestand =
Mindestbestand + Bestellmenge

Meldebestand =
(Tagesabsatz x Lieferzeit) + Mindestbestand

Mindestbestand =
täglicher Absatz x Zeitraum für außerordentliche Lieferschwierigkeiten

---

70

Wozu dient der **durchschnittliche Lagerbestand**?

Boah ey, äh, pfff!

Der durchschnittliche Lagerbestand (Ø Lagerbestand) gibt Auskunft darüber, **wie hoch die Vorräte im Durchschnitt sind.**

Verändert sich diese Kennzahl, so hat das Auswirkungen auf die **Kapitalbindungskosten** (Zinsverlust während der Lagerzeit) und damit auch auf die **Lagerkosten.**

Zudem dient die **Kennziffer zur Abdeckung notwendiger Risiken** (Feuer, Diebstahl, …) durch Versicherungen.

71

Wie wird der **durchschnittliche Lagerbestand** ermittelt?

Also, nun — das ist so …

Durchschnittlicher Lagerbestand bei Jahresinventur:

$$= \frac{\text{Anfangsbestand} + \text{Endbestand}}{2}$$

Durchschnittlicher Lagerbestand mit Quartalsendbeständen:

$$= \frac{\text{Anfangsbestand} + 4 \text{ Quartalsendbestände}}{5}$$

Durchschnittlicher Lagerbestand mit 12 Monatsendbeständen:

$$= \frac{\text{Anfangsbestand} + 12 \text{ Monatsendbestände}}{13}$$

72

Welche **Aufgaben** hat das Geld in einer modernen Volkswirtschaft?

Oh nö, ne!

1. *Tauschmittel:*
   Durch Geld wird der An- und Verkauf von Waren und Dienstleistungen deutlich erleichtert. Die Suche nach geeigneten Tauschpartnern – wie beim Naturaltausch – entfällt.
2. *Gesetzliches Zahlungsmittel:*
   Geld ist nur Zahlungsmittel, wenn es allgemein anerkannt ist. Wird die Währung eines Landes zum gesetzlichen Zahlungsmittel erklärt, hat jeder Gläubiger die Pflicht, Münzen (Annahmegrenze) und Banknoten zu Zahlungszwecken anzunehmen.
3. *Wertmesser:*
   Durch Geld ist es möglich, Gütern und Dienstleistungen einen genauen Wert zuzuordnen.
4. *Wertaufbewahrungsmittel:*
   Geldbeträge können über längere Zeiträume aufbewahrt werden.
5. *Wertübertragungsmittel:*
   Durch Geld werden einseitige Wertübertragungen möglich: Kreditauszahlungen, Geldgeschenke.

73

Wie lauten die notwendigen **allgemeinen Bestandteile einer Quittung?**

So geht das immer nach der Schule!

Allgemeine Bestandteile der Quittung:

1. Zahlungsbetrag in Ziffern und Buchstaben
2. Name des Zahlers
3. Grund der Zahlung
4. Empfangsbestätigung
5. Ort und Tag der Ausstellung
6. Unterschrift des Zahlungsempfängers (= Ausstellers)

74

Unterscheiden Sie die verschiedenen **Zahlungsarten!**

Sie machen mich ganz nervös!

Zahlungsarten:

1. Bargeldzahlung:
   Beispiele: Münzen und Banknoten von Hand zu Hand, Express-Brief, Postbank-Minutenservice
2. Halbbare Zahlung:
   Beispiele: Zahlschein, Postnachnahme, Scheck
3. Bargeldlose Zahlung:
   Beispiele: Überweisung, Scheck, Kreditkarten

75

Erläutern Sie den Begriff **Bargeldzahlung!**

Kennzeichnend für Bargeldzahlung ist, dass **Schuldner und Gläubiger Bargeld in die Hand** bekommen!

Bei der Bargeldzahlung kann unterschieden werden in:

1. **Persönliche sofortige Zahlung** mit Münzen und Banknote
2. Zahlung mittels Express-Brief
3. Zahlung durch Postbank-Minutenservice

76

Was ist ein **Kontoauszug?**

Durch einen Kontoauszug wird der **Inhaber eines Kontos** (z. B. Girokonto)

- über die Zahlungsvorgänge (Ein- und Ausgänge) und
- den jeweiligen aktuellen Kontostand

auf seinem Konto informiert.

77

Was ist ein **Zahlschein**?

Oooh Mandy! ♪ ♪

Im Rahmen der **halbbaren Zahlung** kann ein Schuldner das Geld bei einem Kreditinstitut oder der Postbank mittels *Zahlschein* **bar einzahlen**.

Hierbei fällt eine **Gebühr** an, die der Einzahler trägt. Der Gläubiger erhält den eingezahlten Betrag auf seinem Konto gutgeschrieben.

78

Wie funktioniert ...

... die **Postnachnahme**?

Nachname? Ich heiße Hennes, einfach nur Hennes!

Zur **halbbaren Zahlung** gehört auch die *Postnachnahme*.

Postnachnahmesendungen (Briefe, Pakete) werden dem *Empfänger* ausschließlich gegen **sofortige Bezahlung** des Nachnahmebetrages überlassen.

Dem *Absender* der Nachnahmesendung wird der nachgenommene Betrag auf seinem **Konto gutgeschrieben**.

79

Was ist eigentlich ein **Barscheck**?

Halsschneid — worauf wollen Sie hinaus?

Wenn ein Schuldner ein Konto bei einem Kreditinstitut besitzt, kann er mit einem *Barscheck* bezahlen.

Der Gläubiger kann den Barscheck bei der Bank des Bezogenen vorlegen und sich dort **bar** auszahlen lassen. Das Konto des Schuldners wird dann um den Betrag des Barschecks belastet.

Der Barscheck ist damit auch eine Form der **halbbaren Zahlung**.

80

Woher weißt du denn, welche **Informationen ein Kontoauszug** trägt?

- Bezeichnung der Bank
- Adresse des Kontoinhabers
  IBAN/BIC
- Erstellungsdatum
- Auszugs- und Blattnummer
- Buchungstag/Wertstellung der Buchungsposten (Text)
- Kontostand:
  - + ▸ Gutschrift (Haben)
  - − ▸ Lastschrift (Soll)
- Alter Saldo/neuer Saldo (Kontenstand)

81

> Was bedeutet **Wertstellung** auf dem Kontoauszug?

Die **Wertstellung** ist die Angabe des **Datums**, mit dem die Verzinsung einer Gutschrift oder Lastschrift beginnt.

Die Wertstellung gibt somit den Beginn der Verzinsung einer Buchung auf dem jeweiligen Konto an.

Wertstellung und Buchungsdatum können voneinander abweichen.

82

> Ich bin jung und schön — und ich telefoniere gerne! Ob das **Lastschriftverfahren** etwas für mich ist?

Wenn der Zahlungspflichtige dem Zahlungsempfänger ein **Lastschriftmandat** erteilt, kann der Zahlungsempfänger den Betrag vom Konto des Zahlungspflichtigen abbuchen lassen.

Vorteile:

- Der Zahlungspflichtige kann, er muss jedoch nicht mehr, seine Zahlungen ständig überwachen.
- Einzelüberweisungen brauchen nicht mehr geschrieben zu werden.
- Unberechtigte Lastschriften können binnen 13 Monaten zurückgebucht (storniert) werden.

83

> Was ist ein **Überweisungsauftrag**?

> Lassen Sie es mich so sagen ...

Mit einem **Überweisungsauftrag** kann ein Kontoinhaber einen angegebenen Geldbetrag zulasten seines Kontos auf ein Konto des Zahlungsempfängers übermitteln.

Die **Sonderformen der Überweisung** lauten:

Dauerauftrag: Ein gleichbleibender Betrag wird regelmäßig zu einem bestimmten Zeitpunkt an den Gläubiger überwiesen.

Lastschriftmandat:
Der Kontoinhaber hat den Gläubiger ermächtigt, seine Forderung vom Konto des Kontoinhabers einzuziehen.

84

> Was ist das ELV?

Das Elektronische Lastschriftverfahren **ELV** ist eine Form des Lastschriftverfahrens

- ohne Zahlungsgarantie,
- ohne Einsatz der PIN-Nummer.

Mithilfe eines Lesegerätes werden die Daten auf dem Magnetstreifen der EC-Karte ausgelesen und eine **Einzugsermächtigungslastschrift** wird erstellt. Der Kunde ermächtigt den Händler mit seiner **Unterschrift**, den Rechnungsbetrag von seinem Girokonto einzuziehen.

Dieses Verfahren spart dem Unternehmen Kosten, wie z. B. Bankgebühren, Leitungskosten, Hardwareausstattung, belässt ihm jedoch das Risiko für den Eingang der Zahlungsbeträge.

85

Wie funktioniert die **Geldkartenfunktion** der Girocard?

Ich habe es nicht kleiner!

Auf dem Mikrochip der **Girocard** ist häufig die **GeldKarte-Funktion** hinterlegt. Die Funktion erlaubt das bargeldlose Bezahlen aus einer elektronischen Geldbörse.

Hierzu muss die Geldkarte vorher mit einem **Guthaben aufgeladen** werden. Die Karte wird zum Bezahlen in ein Lesegerät eingeführt, der zu bezahlende Betrag wird erfasst und dem Konto des Gläubigers später gutgeschrieben.

Das Guthaben auf dem Mikrochip wird gleichzeitig verringert. Ist das Guthaben aufgebraucht, kann es z. B. an einem Geldautomaten über das Girokonto des Geldkarteninhabers wieder aufgefüllt werden.

86

Was ist das **Girocard System**?

Jetzt ist sie raus, die Frage!

Das **Girocard System** ermöglicht das Bezahlen am Point-of-Sale (POS). Es gehört zum bargeldlosen Zahlungsverkehr.

Mittels eines **Bezahlterminals** und einer persönlichen Identifikationsnummer PIN werden Rechnungsbeträge unmittelbar vom Girokonto des Kunden abgebucht. Sogar das **kontaktlose Zahlen** ist mit der Gircocard unter Umständen möglich.

Zudem können an Geldautomaten mit der Girocard Bargeldbeträge auch außerhalb der Banköffnungszeiten abgehoben werden.

87

Was geschieht, wenn ich mit Girocard System bezahle?

Nun ja, dann – äh ...

Am **Verkaufsort** (Point of Sale), d. h. beim Zahlungsempfänger (Verkäufer), wird ein **Bezahlterminal** aufgestellt, das den Rechungsbetrag anzeigt und die Daten, die auf der **Girocard** gespeichert sind, überprüft. Der Kunde (Käufer) gibt seine **persönliche Identifikationsnummer** (PIN) ein und bestätigt dann den Rechnungsbetrag. Die Autorisierungsstelle prüft die korrekte Eingabe der PIN, die Gültigkeit der Karte und ob die Zahlung durchgeführt werden kann. Zudem **garantiert** sie die **Einlösung**! Der Rechnungsbetrag wird sofort vom Girokonto des Kunden abgebucht. Als Beleg erhält der Kunde über den Rechnungsbetrag eine **Quittung**.

88

Was sind **Kreditkarten**?

Der Schlüssel zum Kaufparadies!

Kreditkarten sind eine Form des **bargeldlosen Zahlungsverkehrs**.
Kreditkarten werden von Kreditkartenorganisationen (z. B. Master Card, American Express, Visa Card, ...) gegen Zahlung einer Jahresgebühr ausgegeben.

Der Karteninhaber kann gegen Vorlage der Kreditkarte bei allen in- und ausländischen Vertragsunternehmen des Kreditkartenherausgebers Waren oder Dienstleistungen (z. B. Hotelzimmer, Mietwagen, ...) bis zu einer Höchstsumme kaufen.

1. Der Kreditkarteninhaber legt dem Vertragsunternehmen (z. B. Hotel) seine Kreditkarte vor und unterschreibt einen **Leistungsbeleg**.
2. Das Vertragsunternehmen sendet den Leistungsbeleg zur Abrechnung an die Kreditkartenorganisation.
3. Nach einer vertraglich vereinbarten Frist überweist die Kreditkartenorganisation dem Vertragsunternehmen den Rechnungsbetrag des Leistungsbeleges. Der Betrag ist um die **Umsatzprovision** (2–7 %) gekürzt.
4. Der Karteninhaber erhält monatlich eine Sammelrechnung über alle fälligen Zahlungen. Per Lastschrifteneinzugsverfahren wird sein Konto belastet.

90

Vorteile der Kreditkarte

1. Zinsfreier Kredit bis zur Fälligkeit der monatlichen Abrechung
2. Übersichtliche Abrechung mit detaillierter Aufführung aller Rechnungsposten
3. Bequemes Zahlungsmittel mittels Karte und Unterschrift
4. Sicheres Zahlungsmittel, da das Mitführen größerer Bargeldbeträge zum Einkauf entfällt

Nachteile der Kreditkarte

1. Kreditkartenorganisationen und Banken erheben Jahresgebühren.
2. Nur bei Vertragsunternehmen kann mit der Kreditkarte bezahlt werden.
3. Die Kreditkarte kann zu Einkäufen „verführen", da der eigene finanzielle Handlungsspielraum verloren gehen kann.
4. Persönliche Daten sind offenzulegen, wie z. B. Familienstand, Monatseinkommen, Arbeitgeber, …

Homebanking ist die elektronische Kontoführung durch die Nutzung von Onlinediensten (z. B.: T-Online).

Rund um die Uhr können PC-Nutzer Bankgeschäfte tätigen: Überweisungen, Daueraufträge, Wertpapiergeschäfte, …

Das Konto des Nutzers ist über die **IBAN** hinaus durch **eine Geheimnummer (PIN)** gesichert.

Für Geldtransaktionen ist zusätzlich eine einmalig nutzbare **Transaktionsnummer (TAN)** notwendig.

93

Die verschiedenen Artikel, die ein Unternehmen anbietet, werden als sein **Sortiment** bezeichnet.

Breite des Sortiments:
= Zahl der verschiedenen **Warengruppen**

Tiefe des Sortiments:
= Zahl der verschiedenen **Produkte innerhalb** der **Warengruppe**

Sortiment:

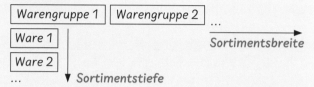

94

Warenplatzierung:

Warenplatzierung bedeutet die **Anordnung von Waren** im Verkaufsraum und in bzw. auf den Warenträgern (z. B. Regale, Tiefkühlschränke, Kühltheken, Wühltische, ...).

Wo bietet man dem Kunden im Verkaufsraum die Ware an?

Dabei muss man unterschiedlich stark frequentierte Verkaufsbereiche, Saison- und Aktionsartikel, ... berücksichtigen.

95

Warenpräsentation:

Zur Warenpräsentation gehören alle Maßnahmen, die die **Darbietung der Waren** im Verkaufsraum betreffen.

Wie bietet man dem Kunden im Verkaufsraum die Ware an?

Durch eine attraktive Anordnung der Ware und durch unterstützende Maßnahmen wie Lichteffekte, Hintergrundmusik, besondere Dekorationen, ... möchte man den Kunden zum Kauf anregen.

96

Bei der **Warenannahme** ist die gelieferte Ware zu prüfen, um bei etwaigen Mängeln das Recht auf Reklamation der Warenlieferung zu haben. In **Anwesenheit des Frachtführers** wird geprüft:

- Anschrift des Absenders und Empfängers auf dem Lieferschein,
- Berechtigung der Lieferung durch Vergleich von Lieferschein und Bestellung,
- Beschädigungen an der Verpackung,
- Anzahl und Gewicht der Versandstücke gemäß Lieferschein.

Bei Beanstandungen erstellt der Käufer ein **Schadensprotokoll** und lässt dies vom Frachtführer unterschreiben.

Bei der Warenannahme erfolgt die **äußere Warenprüfung** in Anwesenheit des Frachtführers.

Anschließend erfolgt die **innere Warenprüfung**:

- Die Sendung wird **geöffnet**.
- Die Ware wird **ausgepackt**.
- Der **Inhalt** der Sendung wird **geprüft**: Stimmen Artikel, Art und Güte, Menge der Ware mit der Bestellung überein?
- Diese Prüfung muss **unverzüglich**, d. h. zum nächstmöglichen Zeitpunkt erfolgen.
- Bei umfangreicheren Lieferungen nimmt man mitunter **Stichproben**.

98

Aufgaben der Lagerhaltung

- **Ausnutzung von Preisvorteilen:** Bekommt ein Händler Mengenrabatt, dann kann er größere Mengen der Ware bestellen.
- **Sicherung der Verkaufsbereitschaft:** Die Lieferung der Ware ist mitunter Schwankungen oder Verzögerungen ausgesetzt (Streik, Verkehrsstau, lange Lieferzeiten, ...). Die Lagerhaltung sichert somit den gleichmäßigen Warenverkauf.
- **Umformung, Veredelung:** Häufig wird die Ware erst im Lager verkaufsfähig gemacht (z. B. Nachreifen von Bananen). Die Ware wird umgepackt, sortiert, neu gemischt oder in kleinere Mengeneinheiten geteilt.

99

Man unterscheidet folgende **Lagerarten**:

- **Verkaufslager:** Das Lager ist gleichzeitig der Verkaufsraum.
- **Reservelager:** Die Ware wird zum schnellen Nachfüllen gelagert.
- **Zusatzlager:** Auch Verpackungsmaterial (Kartons, Pappe, ...), Leergut, Paletten, Ersatzteile, Dekorationen, ... müssen gelagert werden können.
- **Eigenlager:** Das Lager ist Eigentum des Händlers.
- **Fremdlager:** Das Lager ist angemietet.

Ein Lager muss bestimmte **Anforderungen** erfüllen.

Lagergrundsätze:

- **Warengerechte Lagerung** (Temperatur, Licht, Belüftung, Luftfeuchtigkeit, Schädlinge, ...)
- **Geräumigkeit** (genügend Platz, breite Gänge für Gabenstapler, kurze Transportwege, ...)
- **Übersichtlichkeit** (Aufteilung in Lagerzonen oder nach Warengruppen, first-in-first-out, ...)
- **Sachgerechte Einrichtung** (zweckmäßige Lagerausstattung, Kühlanlagen, Gabelstapler, ...)
- **Sicherheit** (Sicherheitstechnik gegen Brand, Einbruch, Diebstahl, Unfallschutz)
- **Warenpflege** (Ware schützen gegen Verderb Schädlinge, Beschädigungen, ...)
- **Umweltschutz** (Energie einsparen, Müll trennen)